融合型·新形态教材

复旦社云平台 fudanyun.cn

U0710857

学前儿童感觉统合训练

主　编　刘薇珊　罗海冰　谢鑑辉

副主编　李　琼　李迎春　吴　楠
　　　　陈万方　李文苑　张　薇

编　委　王　璐　毛丽伟　魏莲花　刘　迎　刘倩茹　玉林艳
　　　　梁　耀　邱　娟　麻　丹　王文乐　王银杏　曾素艳

复旦大学出版社

内容提要

本书是融合性、新形态教材，是在模块化、结构化的教学设计理念下开发的活页式教材。

全书分为8个模块，分别为：感觉统合理论概述、学前儿童感觉统合训练概述、神经系统、三大基础感觉系统、感觉统合失调类型与干预方式、0～3岁婴幼儿感觉统合训练、3～6岁幼儿感觉统合训练、儿童感觉统合能力测评。

本教程配有学银在线课程学习平台、微课视频、习题、教案（教学设计），也可登录复旦社云平台（www.fudanyun.cn)免费下载，是集教材编写、课程建设、配套资源开发、信息技术应用等统筹推进的新形态一体化教材，教材中数字资源以二维码关联技术呈现，实现移动式学习。本书适用于学前教育、早期教育等幼儿照护相关专业使用，也可为培训机构感觉统合训练课程提供参考。

复旦社云平台
数字化教学支持说明

为提高教学服务水平，促进课程立体化建设，复旦大学出版社学前教育分社建设了"复旦社云平台"，为师生提供丰富的课程配套资源，可通过"电脑端"和"手机端"查看、获取。

🖥 【电脑端】

电脑端资源包括 PPT 课件、电子教案、习题答案、课程大纲、音频、视频等内容。可登录"复旦社云平台"（www.fudanyun.cn）浏览、下载。

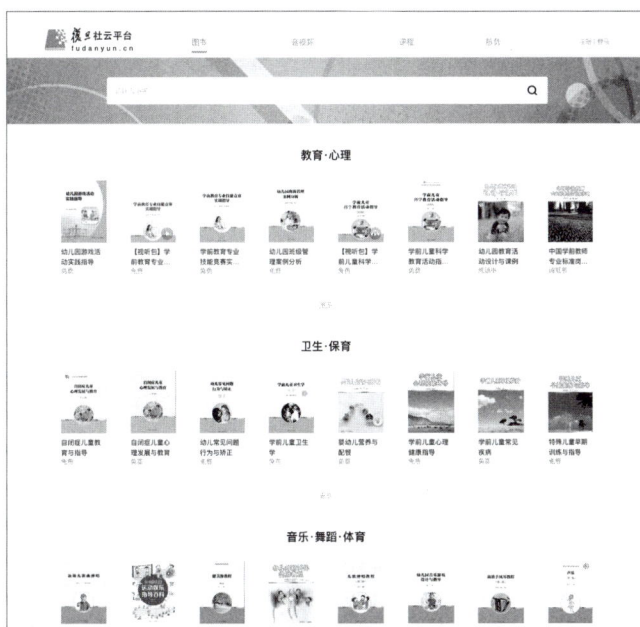

Step 1　登录网站"复旦社云平台"（www.fudanyun.cn），点击右上角"登录 / 注册"，使用手机号注册。

Step 2　在"搜索"栏输入相关书名，找到该书，点击进入。

Step 3　点击【配套资源】中的"下载"（首次使用需输入教师信息），即可下载。音频、视频内容可通过搜索该书【视听包】在线浏览。

【手机端】

PPT 课件、音视频、阅读材料：用微信扫描书中二维码即可浏览。

扫码浏览

【更多相关资源】

更多资源，如专家文章、活动设计案例、绘本阅读、环境创设、图书信息等，可关注"幼师宝"微信公众号，搜索、查阅。

平台技术支持热线：029-68518879。

"幼师宝"微信公众号

高水平专业群建设是"十四五"时期职业教育改革发展、提质培优的重要部署和关键所在。《学前儿童感觉统合训练》作为学前教育专业群建设的系列教材之一，其编写过程遵循《国务院关于当前发展学前教育的若干意见》《幼儿园教育指导纲要（试行）》《中国儿童发展纲要（2021—2030）》等有关学前教育的政策文件精神，坚持以培养幼儿教师的专业知识和能力为目标，以模块化、结构化的教学设计理念开发新形态活页式教材，引导学生在任务情境中开展专业知识与职业技能的学习，着力提升学生从事学前教育工作的专业素养以满足未来职业岗位的需要，并为学生的可持续发展奠定良好基础。

本教程主要有以下特色：

1. 与时俱进，工学结合

本教材依据新时代职业教育改革要求，注重学生认知能力、创新能力和职业能力培养，打造课前、课中、课后一站式学习情境，助力学生主动学习、有效学习。

2. 特普融通，专业高效

本教材由致力于感觉统合研究的本科高校教师和专业感统训练中心及早教中心的资深行业专家共同编写，兼顾专业深度和实践广度，既适用于普通儿童感统能力发展训练，又适用于特殊儿童感统干预训练，助力培养医教结合的学前教育创新人才。

3. 思政引领，立德树人

本教材认真贯彻"立德树人"根本任务，将职业道德、从教信念、服务人民、乐于奉献、科学精神、反思批判、勇于创新、积极探索八大核心思政元素与课程内容相结合，实现思政育人。

4. 互联网＋，智慧教学

本教材包含丰富的数字资源以二维码关联技术呈现，并配套有线上课程和学习平台，助力打造智慧课堂，推进线上线下混合式教学改革，促进学生自主、泛在、个性化学习。

　　本教材系 2021 年度湖南省教育科学研究课题青年项目"1+X 幼儿照护'幼儿感觉统合'新形态课程资源开发研究"（课题编号 21B0843）的主要研究成果。教材在编写过程中借鉴、引用了许多国内外感觉统合研究领域、神经医学领域专家学者的观点和研究成果，在此向文献作者、前辈和同行表示由衷的敬意和感谢！同时，内蒙古乌海市启萌感统训练中心赵萌园长、吴楠园长，湖南红黄蓝教育集团董事长李迎春教授、魏莲花园长、邓伍玲主任，湖南女子学院学前教育系优秀毕业生刘倩茹、王霞、王文乐、曾素艳、王银杏等在教材编写、图片拍摄与微课制作中做了大量细致和有创造性的工作，给予了大力支持和无私帮助，在此表示感谢！

　　路漫漫其修远兮，本教材虽致力于践行艾尔斯博士感觉统合理论精神，努力找到一个神经学和教育学相互交融的适切点，打造不过于深奥也不过于浅显的内容体系，助力学前教育领域创新人才培养，由于编者水平有限，书中未尽和不当之处，望得到专家、学者、同行的批评指正、不吝赐教！

编　者

目/录 CONTENTS

模块一
感觉统合理论概述

模块导图

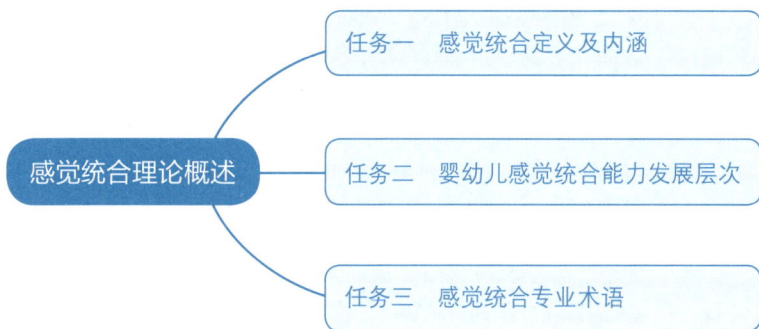

感觉统合理论概述
- 任务一　感觉统合定义及内涵
- 任务二　婴幼儿感觉统合能力发展层次
- 任务三　感觉统合专业术语

模块寄语

　　《中国儿童发展纲要（2021—2030）》指出应"尊重儿童的人格尊严，遵循儿童身心发展特点和规律，保障儿童身心健康，促进儿童在德智体美劳各方面全面发展"。随着我国教育现代化的推进，儿童健康成长的新时代使命及要求较之以往有了更高远、深刻的内涵。感觉统合作为幼儿一切学习与能力形成的基础对幼儿的认知、语言、行为、情绪和社会性等发展至关重要。

　　本模块内容主要通过感觉统合理论概述、解析感觉统合的基本理念、科学依据和相关内容，为感觉统合教育与实践奠定扎实的理论基础。

学习目标

1. 知：能理解感觉统合的意义和价值，解释感觉统合定义及内涵，了解感觉统合发展层次，熟悉感觉统合常用基本术语。

2. 行：能利用感觉统合的原理举例说明感觉统合的过程，能运用感觉统合基础知识简要分析幼儿日常行为，能区分感觉统合与体适能运动。

3. 意：热爱学前教育事业，具有职业情感和敬业精神，在教育实践中尊重幼儿，理解幼儿个体差异，乐于成为幼儿成长路上的引路人。

课前预习

任务一：预习感觉统合定义及内涵，将感觉统合定义及内涵在理解的基础上绘制思维导图。

任务二：以小组为单位讨论幼儿发育标准中哪些动作行为体现了感觉统合的发展层次。

任务三：思考大脑警醒度与儿童行为反应间的关系，课上分享交流。

任务一　感觉统合定义及内涵

一、感觉统合

"感觉统合"基于现代神经科学的研究基础而诞生，早在 1906 年，谢灵顿和拉什利最早提出感觉统合这一术语，随后将其广泛应用于脑神经科学与行为的研究中。

感觉统合系统理论是由美国心理学家艾尔斯（Aryes）博士（图 1-1）于 1972 年提出。她认为感觉统合是指将人体各感觉器官输入的感觉信息整合起来，经过大脑神经的分析和处理，完成对身体内外环境的直觉，并作出适应性反应，使个体顺利适应环境[1]。

艾尔斯，美国加州人，作业治疗师、心理学家，感觉统合理论及训练技术的创始人。她是美国作业治疗协会会员（FAO-TA），注册作业治疗师（OTR），一生致力于儿童感觉统合问题的理念和应用研究。她发表了许多关于感觉统合的研究及专著，并研发了三套著名的感觉统合评估工具：南加州感觉统合测验、

图 1-1　艾尔斯博士

南加州眼球震测验（1975）以及感觉统合功能及运用能力测验（1989），帮助了无数的儿童和他们的家长，艾尔斯博士值得每一位幼儿教育工作者学习和纪念。

基于艾尔斯博士对感觉统合的界定，在本教程中感觉统合是指人体各个感觉器官将接收的感觉信息输入组合起来，以提供充分利用。利用的范围包括身体的内外知觉、顺应性反应、学习过程以及神经机能的发展。经由感觉信息间的统合，神经系统不同的部分才能整体和谐有效工作，使得个体顺利适应外部环境，并感受到满足。

二、感觉统合的内涵

（一）感觉统合是一个正常大脑具备的功能

感觉统合是一个正常大脑具备的功能，是孩子生活和学习能力形成的基础，它是

---

[1] Ayres A. J. Sensory integration and learning disorders, Los Angels: Western Psychological Service, 1972, 258-259.

人类与生俱来应具备的能力。因为从某种角度来看人的大脑就是一部非常高级的感觉处理机器，年幼的孩子是直接借由各种感觉来认识自己与周围世界。发展中的孩子一开始会刻意去碰触经历过的感觉，接着会逐渐转移注意力到他所感兴趣或他认为有意义的事物上，并排除与目前需求不相关的事物，因此孩子可以组织更有效的游戏行为，并获得情绪上的调节与控制。

一个大脑健全的孩子，能从日常生活的活动中主动去获取适当的感觉刺激以发展潜能、学习新技能。他可以随着环境的变化，去适应不同的环境需求，扮演适当的角色。对大部分正常发展的孩子来说，不需要特别为其设计大脑的"营养餐"，儿童通过日常生活中的活动就能持续不断地提供给大脑足够的感觉刺激。

（二）感觉统合是机体各器官和大脑和谐有效工作的过程

人类大脑的发育在刚出生的时期并不完善和成熟，各类神经系统对于外界信息链接的应对也不是很精准。在感觉统合能力的持续性发展中，大脑的各项功能才逐渐完善和精细化，进而个体在环境中的适应能力和学习能力也不断的随之变强。

感觉统合能力的发展，是一个逐步成熟的过程，从简单到复杂，从初级到高级。从简单的身体协调、动作协调，慢慢地发展到能够集中注意力、控制情绪以及对活动具有目的性，然后发展到组织、概括、分析、综合、抽象思维、逻辑推理等高级认知。感觉统合能力的发展是在儿童成长中持续与环境的交互作用中进行的，且需要儿童能够接收足够的感觉刺激并产生适应性的反应。

（三）感觉统合既是神经系统间感觉信息处理的一种生理机制，也是个体形成认知、意识的心理过程

感觉统合是神经系统间信息处理的一种生理机制，因为它使得我们的大脑可以在同一时间指挥不同的部位在不同的空间做不同的事，即通过分工合作以完成与外部环境相适应的行为。此外，它也包含个体形成认知、意识的心理过程，使我们能对事物形成认知（意识）。就拿吃橘子来说，人们对橘子的意识是由眼睛、鼻子、嘴巴、手指上的皮肤、手臂和嘴巴上的肌肉关节等提供的信息从局部赋予整体后所产生。而如何知道这是什么品种的橘子？它是各个感觉器官对于橘子的一种感觉，集中到大脑的某一个定点。因此它既是神经信息传递的生理过程，也是认知（意识）形成的心理过程（由细胞或神经层级的处理过程而产生）。

（四）感觉统合的一大特性是"主动性"

儿童不会被动地接受所有的感觉刺激，他们会挑选当下最有用的刺激加以关注、

整合、组织，就像我们会根据不同季节特点与身体情况来挑选衣物一样，这种"主动性"是感觉统合十分重要的特点之一。因此毫无目的地荡秋千或是被动地给孩子触觉刺激（例如不断地触摸孩子），并不是真正的感觉统合。只有当我们主动去探索世界，学习某件事情、挑战某项任务的时候，才会得到最好的学习效果。也只有具备更多的内在动机，孩子们才会有更好的感觉统合功能。这就是为什么去培训中心的训练比在家庭中的训练效果往往来得更好，因为培训中心有更多元、新颖、丰富的环境，更易于激发孩子主动参与活动和挑战任务的内驱力。

（五）感觉统合不等同于感统运动、前庭觉、本体觉和触觉

目前依然有许多教师因对感觉统合的理解欠深入而容易陷入将感觉统合等同于感统运动的误区，导致部分教师对感觉统合的认识仅局限在感统运动或是前庭觉、本体觉和触觉这几个专业名词上，显然这些认识是有失偏颇的。感觉统合作为人类与生俱来就拥有的一个最为基础的大脑功能，从生命孕育的那一刻起一直到生命的结束都伴随着我们，它是人类智慧的基础，是孩子一切学习能力形成的根本。别小看宝宝三翻六坐七八爬，每一个新技能的习得和行为的产生其实都暗自经历着神经系统间非常精密的往来交互。总而言之，感觉统合不仅是个体内部神经处理的过程，更是经由个体与环境之间神经系统讯息传递的复杂过程。

📘 课中加油站

想一想

感觉信息输入和传出的过程中，哪一阶段体现的是生理过程，哪一阶段体现的是心理过程？

任务二　儿童感觉统合能力发展层次

感觉统合是人类与生俱来的一种能力，它伴随着一个生命的诞生一直到生命的结束。儿童感觉统合能力的发展是一个重复且重叠进行的过程。大致分为四个层次。2个月大的婴儿，神经系统会进行大量第一层次的统合（初级感觉系统），第二层次的统合较少（感觉动作能力），第三层次的也不多（感知动作能力）。1岁的时候，第一和第二层次的统合是最重要的，第三层次也变得比较重要了。3岁时，幼儿仍在进行第一、第二、第三层次的统合，而第四层次（功课学习）也开始发展。6～7岁时，第一、二层次的统合应已完成，第三层次仍在进行，第四层次变得最重要。感觉统合发展层次见表1-1：

表1-1　感觉统合发展层次（艾尔斯的四个感觉统合层次）[1]

感觉	第一层级统合（0～2个月）	第二层级统合（1岁）	第三层级统合（3岁）	第四层级统合（6～7岁）
触觉	吸吮反射 吃 母婴依恋 触觉快乐	情绪稳定		自尊、自信、自控
前庭觉	重力安全感 身体姿势 身体平衡	活动的程度 注意力提升 身体意识 身体双侧协调	有目的的活动	行为组织能力 抽象化思维（理解、推理） 集中注意力
本体觉	肌肉张力	运动企划 出现惯用手	手眼协调能力 视动统合能力	复杂动作能力 （大动作、精细动作） 身体与大脑的专责化
视觉	眼睛运动	注意观察	视觉辨别能力 视觉认知	视听统合
听觉	转头寻声		听觉辨别能力 语言沟通能力	
结果	初级感觉系统	感觉启动能力	感知动作能力	功课学习准备能力

[1]［美］卡洛尔·斯多克·克朗诺威兹.帮孩子找到缺失的"感觉拼图"［M］.周常，译.北京：中国发展出版社，2017.

任务三　感觉统合专业术语

一、肌张力

肌张力指肌肉静止松弛状态下的紧张度，是维持身体各种姿势以及正常运动的基础。

二、肌耐力

肌耐力指肌肉能够持续用力的时间或反复的次数。肌耐力低的儿童持续度差、容易累，常见的情况是无法胜任日常生活活动。

三、感觉餐

"感觉"就好比是大脑的"营养"，感觉餐是基于个体内在需要的能够实现有方法、有组织且适应外部环境的感觉经验。孩子从出生开始一直到学龄前，都是直接用感觉来认识自己的身体以及周围环境。感统失调就像是孩子大脑"营养不良"，无法得到各种有效信息的刺激，得不到"营养"的滋润，处理的能力和速度就会越来越慢，甚至会发生"偏差"，所以孩子需要感觉餐来进行营养的补充。

四、运用能力

运用能力是指儿童可以计划并按顺序完成新动作的能力。儿童运用能力是内建的，让他们可以面对环境中的不同挑战，完成特定的活动目标。这种能力可以让他们决定应该将注意力放在什么地方，如何去安排事情的先后顺序，如何去规划短期或长期的目标。这种能力也可以帮助他们掌握自己的情绪和想法，让工作变得更有效率。换言之，它包括对某一活动从构思到执行，再到结束的全过程。

五、感觉调节

感觉调节指个体应环境的要求适度选取并调节来自不同感觉系统的讯息，通过增加或减少神经系统的活动，过滤不重要的感觉信息，使个体能专注于重要的感觉刺激，并完成有意义的活动。

六、适应性反应

在医学领域，适应性反应指"细胞和组织在对各种刺激因子和环境改变进行适应时，能发生相应的功能和形态改变"[1]。

在教育领域，孩子的适应性反应指的是一种可以因时、因地、因事制宜而产生的反应。它是感觉统合的产物，因为孩子必须先侦测环境的需求是什么并主动去摄取、应对这些环境需求的感觉刺激，加以组织、整合，最后通知他的神经、骨骼、肌肉系统，去产生适宜的行为，且可以根据不同的反馈来不断地修正他感觉统合的过程。

七、警醒度

警醒度指儿童可以察觉到内部环境，并做出适当回应的中枢神经状态。儿童对内外环境的察觉必须依赖大脑中的网状系统，因为网状系统负责让神经系统保持警戒状态。通常新奇的感觉刺激会增加网状系统的活跃性，相反，重复地或将感觉刺激移除，便会使这个系统较不活跃。此外警醒度会随时改变，适宜的警醒度才能让我们更好地保持注意力。警醒度过低，人昏昏呆呆，不利于保持清醒与专注；警醒度过高，会出现过度亢奋或焦虑的行为。例如，当我们过度兴奋时是无法认真思考和静下心做事的。当孩子处于过高警醒度时，会感觉自己经历重大的危险，从而出现防御或不安的行为。

八、内驱力

内驱力是在需要的基础上产生的一种内部唤醒状态或紧张状态，表现为推动有机体活动以达到满足需要的内部动力。感觉统合训练中的内驱力通常是在身体与环境的互相交流中形成的，它存在于儿童机体内部，是一种无意识的力量，能够给予儿童积极的心理暗示，具有驱动型的效应。这种内驱力是最原始的，积累了整个历史经验的心理体验在儿童大脑中的反应[2]。

---

［1］［美］David M. Sibell，［美］Jeffrey R. Kirsch. 疼痛快速诊治手册［M］. 于布为，娄强，吴韬，主译. 上海：上海科学技术出版社，2008.

［2］李娟. 儿童感觉统合训练［M］. 北京：中国妇女出版社，2016.

九、感觉处理

感觉处理是中枢神经系统中所有有关感觉的过程。包括：接收、调节、统合、组织，也包括对感觉刺激所产生的行为反应，感觉处理包括但不仅限于感觉调节。

十、适当的挑战

适当的挑战有助于保持大脑的清醒与活跃，有助于激发儿童潜能，还有助于帮助儿童建立自信心。有点难又不太难的活动就是"适当的挑战"，是最适合儿童的，也是引发他们产生适应性行为的一个因素。太容易或者太困难的任务都会损害孩子完成的动力。

需要注意的是每个儿童的生长发育都会存在一些差距，有的儿童发育发展得快一些，而有的儿童发育发展得慢一些。所以，在为他们制定挑战之前我们应当对儿童的发展有一个评估，并根据他们的情况设计适当的挑战。

课中加油站

想一想

幼儿是不是天生就具有内驱力？

在线练习

课后测试

知 识 巩 固

一、单项选择题

1. 感觉统合系统理论由美国心理学家（　　）提出。

　　A. 艾尔斯　　　　　　　　B. 拉什利　　　　　　　　C. 谢灵顿

2. 儿童感觉统合能力的发展是一个重复且重叠进行的一个过程，分为（　　）个层次。

　　A. 2　　　　　　　　　　B. 3　　　　　　　　　　C. 4

3. 大脑无法得到各种有效信息的刺激，处理的能力和速度就会越来越慢，甚至会发生"偏差"，所以孩子需要（　　）来进行营养的补充。

　　A. 维生素　　　　　　　B. 感觉营养餐　　　　　　C. 全面均衡的饮食

二、判断题（正确打√，错误打×）

1. 感觉调节包括但不仅限于感觉处理。　　　　　　　　　　　（　　）

2. 肌张力指肌肉静止松弛的状态下的紧张度，是维持身体各种姿势以及正常运动的基础。　　　　　　　　　　　　　　　　　　　　　　（　　）

3. 重力安全感需要在感觉统合发展的第二层次才开始发展。　　（　　）

三、简答题

1. 什么是感觉统合？

2. 请简要介绍适应性反应和适应性行为。

四、论述题

请说明"感觉统合是一个正常大脑具备的功能"，"主动性"是它的一大特性。

课后拓展

创新任务单

班级：	姓名：	学号：

学生课后拓展任务：

1. 任务情境

丫丫24个月了，爸爸妈妈周末带丫丫来某中心体验COOL感统课，课上孩子很开心地参与了感统游戏，但父母认为感统游戏看起来跟带孩子去游乐场玩游戏没有多大区别，不太理解感统课究竟对丫丫的成长发育有什么帮助。

2. 任务要求

结合上述任务情境，以小组为单位进行角色扮演游戏，一位同学当早教中心的教师，两位同学扮演家长，结合感觉统合理论基础向丫丫爸妈介绍感觉统合训练价值。

学习后的收获与感想：

学生存在的困惑：

教师评价：

模块二

学前儿童感觉统合训练

模块导图

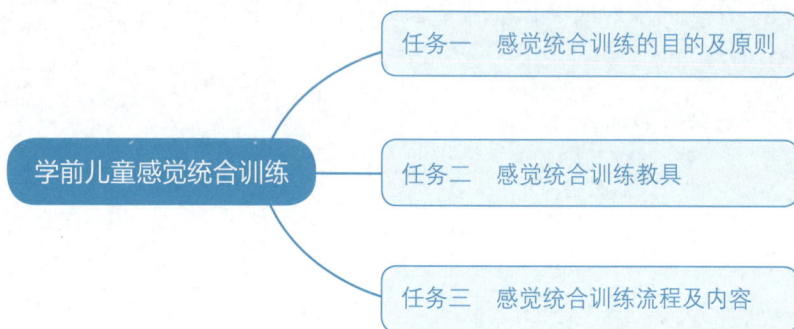

学前儿童感觉统合训练

任务一　感觉统合训练的目的及原则

任务二　感觉统合训练教具

任务三　感觉统合训练流程及内容

模块寄语

　　艾尔斯博士说："儿童天生都是天才，感统失调的孩子是大脑和身体各部协调出现障碍，使许多优秀的方面表现不出来，这将影响孩子的一生。"感觉统合训练正是通过对儿童的身体实施干预，促进神经系统发展，调节心理品质的一种训练方式。

　　本模块主要通过介绍感统训练的目的与原则、感统训练教具以及感统训练流程，为设计与开展儿童感觉统合课程奠定基础。

学习目标

1. 知：能理解感觉统合训练的意义和价值，解释感觉统合训练目的及原则，介绍感觉统合训练相关教具及作用，熟悉感觉统合训练流程与内容。

2. 行：能遵循感觉统合训练的原则进行正确的指导，能利用不同的感统教具开展幼儿感统游戏设计。

3. 意：感受感觉统合训练对于幼儿个体发展的重要价值及意义，在教育实践中将主动权还给幼儿，让幼儿享受成长的快乐。

课前预习

任务一：预习任务一学习内容，将感觉统合训练的目的及原则在理解的基础上绘制思维导图。

任务二：预习任务二学习内容，了解感统训练教具的作用和用法。

任务三：预习任务三学习内容，小组讨论如何开展一堂感统训练课程。

任务一 感觉统合训练的目的及原则

感觉统合训练简称"感统训练",它是一种为了促使神经中枢之间进行更加协调、有序地工作,所采用的具有针对性的身体练习方法。其本质是基于神经可塑性,通过空间知觉、平衡觉以及视、听觉等方面的综合训练以刺激大脑,促进脑神经细胞发育成熟,使受训者能够有效地整合各种感觉,从而作正确的适应性反应的一种训练方法。

一、感觉统合训练的目的

感觉统合训练的目的如表2-1所示:

表2-1 儿童感觉统合训练目的

序号	训练目的
1	提高儿童对各种感觉刺激的适当反应和对事物的辨别能力
2	强化儿童对身体的认知和姿势控制能力
3	增强儿童眼球控制能力
4	提升儿童动作计划能力
5	改善儿童自我情绪控制能力
6	提高儿童参与活动的主动性和专注力

二、感觉统合训练的原则

(一)儿童中心原则

感统训练应遵循儿童发展的基本规律,理解、尊重儿童的差异性,在训练过程中充分创设训练情境,最大化地激发儿童的内驱力,指导师不能以个人的喜好或从成人的角度去对待儿童。

(二)针对性原则

感统训练的针对性原则体现在系统评估、有效设计和科学评价三个方面。只有全面了解幼儿发育情况，根据儿童实际问题制定训练方案，针对性地开展活动且通过科学评价促进训练的持续改进才能确保感统训练效果最大化。

（三）兴趣性原则

在感统训练中，需要指导师坚持兴趣为主导，尽量选择幼儿感兴趣的方式与领域，引导幼儿产生适应性反应。此外，有意识地处理训练和兴趣的关系，时刻牢记感统训练的目的在于对幼儿的问题进行科学改善。

（四）快乐性原则

约翰·洛克在《教育漫话》中说："凡是有益于儿童的事情，都应该使得他们快快乐乐地去做。"在感统训练中也需要寓教于乐，重视儿童的情绪状态，因此，训练过程中指导师应努力让儿童感到快乐而非压力。

（五）主动性原则

在感统训练中，主动性原则是指教师要发挥儿童的主体作用，使儿童自觉、自愿、主动、积极地进行训练以增强儿童的自信心，提高儿童训练的自觉性和自主性。

（六）顺应性原则

儿童的大脑对感觉信息的组织是靠顺应性反应来完成的。开展儿童感统训练时，教师要谨记顺应性反应的特点，引导幼儿亲自尝试，外入的力量无法帮助其产生顺应性反应。

（七）渐进性原则

感统训练的渐进性原则体现在四个方面：一是训练内容从单一领域到多个领域，从专项训练到整合训练；二是训练过程从被动训练、助动训练到主动训练；三是训练难度由简单到复杂，从单一的动作到一个环节多个动作；四是反馈内容由单一鼓励到全面评价和注重细节。

（八）成功原则

感统训练最终需引导幼儿在一次次的尝试和体验中完成所设计的训练，并在过程中获得成功，积累正向的感觉回馈，收获积极的情绪体验以激发幼儿的内驱力，建立自信心。

（九）游戏性原则

对于正常儿童来说，单一机械的感统训练难以引发他们的兴趣，游戏是学前教育的基本原则之一。游戏性原则指儿童感统训练要在"玩"中进行，教师应把器械设计成玩具，创造出灵活有趣的玩法。

课中加油站

想一想

果果，42个月，在课堂上不肯配合老师制定的游戏训练，作为感统指导师或幼儿教师应该怎么做？

任务二　感觉统合训练教具

一、感统教具的定义

感觉统合是人体在环境内有效利用自身的感观，从外界获得不同的感觉信息并输入大脑，大脑对输入信息进行加工处理并作出适应性反应的能力，而感统教具就是训练这一系列感觉统合的工具器材。

二、常见感统教具的种类

文档

（一）触觉训练器材

拓展：感统教具

1. 阳光隧道

2. 海洋球池

图 2-1　阳光隧道

图 2-2　海洋球池

3. 触觉刷

4. 按摩球

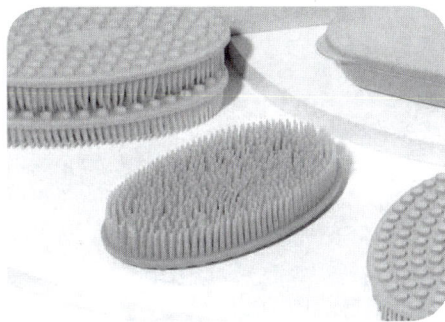

图 2-3　触觉刷

图 2-4　按摩球

（二）前庭觉训练器材

1. 小滑板

图 2-5　小滑板

2. 大滑板

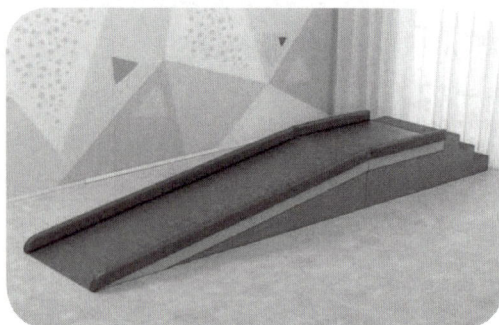

图 2-6　大滑板

3. 轮胎秋千

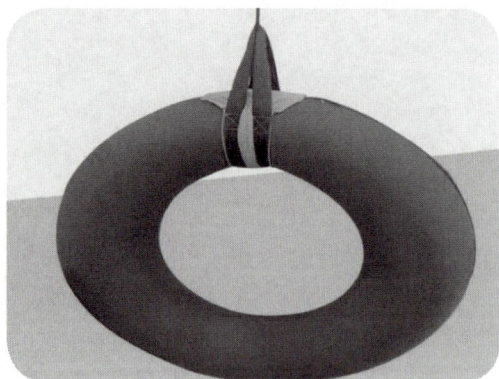

图 2-7　轮胎秋千

4. 大陀螺

图 2-8　大陀螺

5. 鸟巢秋千

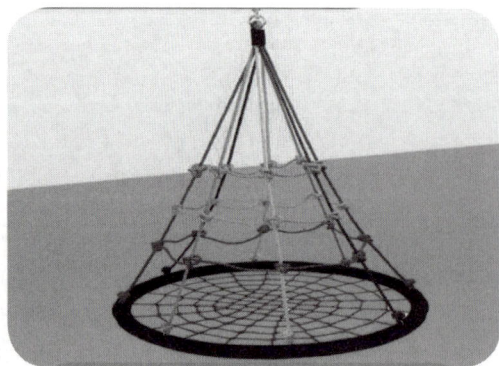

图 2-9　鸟巢秋千

6. 悬吊平台

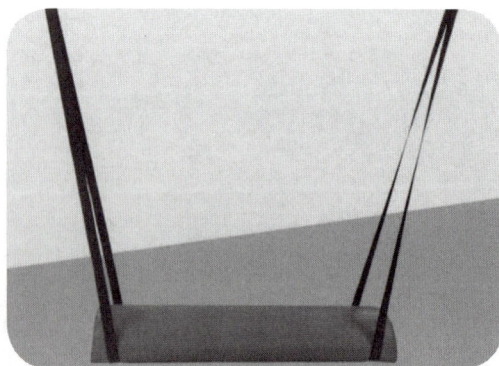

图 2-10　悬吊平台

（三）本体觉训练器材

1. S型平衡木

图2-11 S型平衡木

2. 万象组合

图2-12 万象组合

3. 独脚凳

图2-13 独脚凳

4. 平衡踩踏车

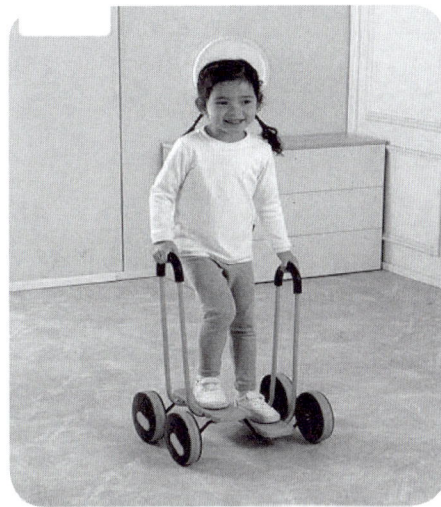

图2-14 平衡踩踏车

任务三 **感觉统合训练流程及内容**

一、感统中心课程流程及内容

感统中心课程流程及内容见表 2-2：

表 2-2 感统中心课程流程及内容（共 90 分钟）

训练环节	训练内容	训练时间（分钟）
暖身操	易亢奋的幼儿，用横向、舒缓的轻音乐进行墙角挤压大龙球等活动	5
	反应过低（高阈值）的幼儿，用动感的音乐进行较动感的热身活动	
滑板	滑板滑行	25
	滑板俯冲	
	滑板拉圈旋转	
大龙球	俯卧、仰卧（针对本体觉）	10（1 对 1）
	挤压按摩（针对触觉）	
	推大龙球（四肢协调）	
	跳、震颤（前庭刺激） 备注：不同游戏形式对应不同效果和目的	
悬吊器械	各式吊缆和秋千，不同的教具和器械有不同的使用方法和功效，根据幼儿情况制定	15
万象组合	1. 前期练习都是动作练习（开合跳、爬、滚、翻、钻等） 2. 需根据幼儿的能力，做针对性训练，遵循幼儿的心理特点 3. 活动设计的三个层次 （1）轻松能完成 （2）稍稍努力能完成 （3）通过一定的努力，加把油才能完成 备注：从不自信—克服—勇往直前—自信	15

（续表）

训练环节	训练内容		训练时间（分钟）
针对性练习悬吊器械（根据幼儿的失调情况进行加强）	前庭失调：蹦床或大陀螺选择其中一项		15
	触觉失调：海洋球或平衡触觉板		
	本体觉失调：四分之一圆或踩踏石		
放松环节	选择安静的教具，如独脚凳，坐在上面数数（5～10个，换人）或坐在上面拿积木、游戏等		5
特别注意：专业感统训练需要考虑到幼儿的项度、年龄、情绪和体质上的差异，尤其对于有特殊障碍的幼儿，训练要考虑更多方面的因素，循序渐进			

二、幼儿园感统课程流程及内容

幼儿园感统课流程及内容设置如表2-3、表2-4所示：

表2-3 幼儿园感统课流程（30分钟）

开展形式及频次	幼儿园感统课为集体课，与专业的感统训练不同，它的侧重点不在于干预治疗，而在于预防调节。30分钟1节，每周2节，每月8节。		
幼儿园感统课流程	课程环节	训练目的	时间设置（分钟）
	暖身操	提高警醒度	3
	主教具	主要刺激的部分，感觉餐	15
	辅教具	做调节辅助的部分	5
	整理放松	情绪调节	3～5
	结束再见	用物归还，好习惯培养	2
备注：因幼儿园感统教具与场所条件有差异，具体的教具选择需根据幼儿园实际情况而选择			

表2-4 幼儿园感统课内容设置

周次	节次	内容设置
第1周	第1次	新教具1+辅助教具1

（续表）

周次	节次	内容设置
第1周	第2次	同上 + 延伸
第2周	第1次	新教具2+ 辅助教具2
	第2次	同上 + 延伸
第3周	第1次	新教具3+ 辅助教具3
	第2次	同上 + 延伸
第4周	巩固期	1+2+3 周内容巩固 + 延伸
备注：第5～16周课程设置原理同上，综合练习 + 应用		

三、亲子中心感统课程流程及内容

亲子中心感统课程内容设置及流程如表2-5 所示：

表2-5　亲子中心感统课程内容设置及流程（50～60 分钟）

活动环节	活动内容	活动时间（分钟）
亲子暖身操	节奏欢快的律动	3
大运动	万象组合（本体觉）钻爬滚蹦跳投掷	15～20
	悬吊器械（前庭觉）	
线上活动	触觉游戏	10～15
	头眼协调游戏	
	听动训练	
亲子互动	安全岛、亲子互助活动	5～10
结束再见	再见歌	2

四、幼儿感统训练频次及注意事项

幼儿感统训练频次及注意事项见表2-6：

表 2-6　不同程度感统失调儿童训练的频次

重度失调	需 1 对 1 训练；1 周 5～6 次，3 个月为 1 个周期
中度失调	需 1 周 3 次，半年为 1 个周期，共 72 次
轻度失调	需 1 周 1～2 次

小滑板训练的频次				
失调程度	3 岁（次）	4 岁（次）	5 岁（次）	6 岁（次）
重度失调	30	40	50	60
中度失调（减 5～10 个）	25	35	45	55
轻度失调（再减 5～10 个）	15	25	35	45

备注：

1. 小滑板是感统训练的典型教具之一，需根据幼儿的年龄、体质情况进行量的调节
2. 如果幼儿出现到处乱跑，大喊大叫，异常兴奋状态，不能控制，说明量"过多"了
3. 如果幼儿做一会儿就走开，去主动寻求别的刺激，说明量不够
4. 如果幼儿有负面情绪，不想上感统课，此时需先解决情绪问题，用触觉安抚

悬吊类秋千训练的注意事项

1. 旋转的圈数：3～4 岁为 10～15 圈，4～5 岁为 15～20 圈，5 岁以上 20 圈起，左右数量需一致
2. 如果幼儿不喜欢，需仔细观察幼儿是因为不喜欢旋转还是不喜欢双脚离地

触觉训练注意事项

1. 按摩时间一次不低于 15～20 分钟，一天可以进行多次
2. 挤压大龙球的时候避免碰到生理部位，腹前用力要小

课中加油站

想一想

　　对比分析三个不同学前教育机构的感统课有什么不同之处。

在线练习

课后测试

知 识 巩 固

一、单项选择题

1. 感觉统合训练是一种周期（　　　）的干预活动，在不同干预阶段均需保持足够强度。

　　　A. 较长　　　　　　　　　B. 较短　　　　　　　　　C. 由儿童决定

2. 下面哪项不属于感觉统合训练的原则？（　　　）

　　　A. 教师中心原则　　　　　B. 成功原则　　　　　　　C. 快乐原则

3. 下面哪项教具能训练学前儿童的本体觉？（　　　）

　　　A. 触觉刷　　　　　　　　B. 丝巾　　　　　　　　　C. 万象组合

二、判断题（正确打√，错误打 ×）

1. 只有特殊儿童才需要进行感觉统合训练。　　　　　　　　　　　　（　　　）

2. 平衡踩踏车训练项目主要适用于平衡感不足和本体感不足的幼儿。（　　　）

3. 感觉统合训练可以发展儿童的智力。　　　　　　　　　　　　　　（　　　）

三、简答题

1. 感觉统合训练的原则有哪些？

2. 列举十种在感觉统合训练中常见的器材。

四、论述题

你是否同意"感统训练师首先是一名观察者，其次是一名支持者，最后是一名引导者"这一观点。请说出你的答案并写明理由。

课后拓展

创新任务单

班级：	姓名：	学号：

学生课后拓展任务：

　　请小组合作在三类感觉统合训练器材中选择一种教具进行游戏设计，并制作成微课视频，尝试将动画、文字、语音、特效等多元结合，对感统训练器材使用方法、作用等方面进行介绍。

学习后的收获与感想：

学生存在的困惑：

教师评价：

模块三

神 经 系 统

模块导图

神经系统
- 任务一　神经系统简介
- 任务二　大脑的形成
- 任务三　大脑结构

模块寄语

　　中国儿童发展纲要（2021—2030）指出"儿童是国家的未来、民族的希望，要遵循儿童身心发展特点和规律，保障儿童身心健康，促进儿童在德智体美劳各方面全面发展"。0~6岁是儿童大脑发育关键期，神经系统发育最为迅速，因此熟悉神经系统基础知识，以科学的早期教育方式促进儿童大脑整体功能发育，对儿童终身发展具有重要意义。

👣 学习目标

1. 知：熟悉神经系统的基本组成、基本单位与活动方式，能说明大脑形成和基本结构，解释神经系统发育过程，熟悉神经系统常用基本术语。

2. 行：能运用神经系统知识解释突触修剪过程，区分大脑各部分结构的功能，能简要分析教育实践中儿童身体发育障碍原因。

3. 意：理解神经系统在感觉统合教育中的价值，重视婴幼儿神经心理的发育，有爱心、耐心、责任心。

👣 课前预习

任务一：预习任务一学习内容，思考神经信息传输过程如何通过人体动作进行演示。

任务二：预习任务二学习内容，小组讨论突触的修剪过程，并准备课中的翻转课堂。

任务三：预习任务三学习内容，绘制一幅大脑结构图。

任务一　神经系统简介

一、神经系统的分布

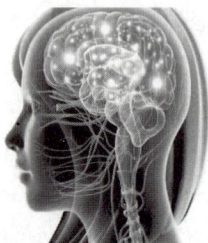

图 3-1　大脑神经系统
分布示意图

神经系统是人体结构和功能最复杂的系统，由数以亿万计相互联系的神经细胞所组成，神经细胞可以向全身发送带有信息的电波，从而告诉人该如何行动、如何反应、如何思考。神经系统按分布可划分为中枢部和周围部。中枢部即中枢神经系统，包括脑和脊髓。周围部即周围神经系统，包括向躯体发送信息并接收躯体信息的脑神经和脊神经。大脑神经系统分布示意如图 3-1 所示。

二、神经系统的功能

神经系统通过与它相连的各种感受器，接受内、外环境的各种刺激，经神经传至中枢（脊髓和脑）的不同部位，经过整合后发出相应的神经冲动，再经传出神经将冲动传至相应的效应器，最终使人可以产生各种反应。它的功能可以大致归纳为：①控制和调节其他系统的活动，使人体成为一个有机的整体。②维持机体与外部环境间的统一。

三、神经系统的活动方式

神经系统的基本活动方式是反射，其在调节机体的活动中接受内、外环境的刺激，并作出适宜的反应，这种神经调节过程称为反射。反射活动的形态学基础是射弧，包括五个环节，即感受器→传入神经→神经中枢→传出神经→效应器，如图 3-2 所示：

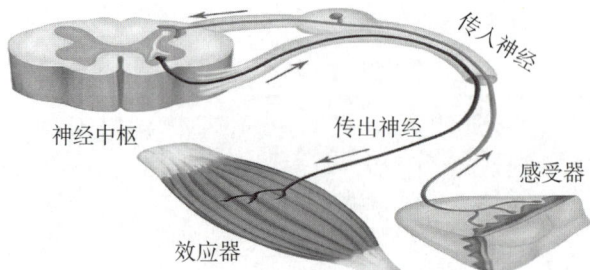

图 3-2　神经系统反射活动图

人体行为产生的过程是怎样的?

感觉输入——信息整合——动作输出的过程

例如:毛毛虫爬到你膝盖上,8条小腿首先激活了你膝盖皮肤上的感觉神经,于是你感觉到有东西在挠你,这个信号沿着被施万细胞包裹住的髓鞘传到你的脊髓。在这里,信号传递经过了几个多极中间神经元,有些信号传递给你腿上股四头肌中的一堆多极神经元,你还来不及思考,神经就已触发你踢自己的腿。其他中间神经元会把信号向上继续传递,使信息经过脊髓到达大脑。到此时,你的大脑才意识到这个东西是毛毛虫。而神经元之间的链接解释和扩散了这个信号,所以你才要么尖叫开始慌张地挥舞双手,要么保持镇定,从容地把毛毛虫从你身上移开。

四、神经系统的基本单位

经过漫长的进化发展过程,地球上的大多数动物群体都具有神经系统。从低等动物到高等动物,再到人类,其神经系统都由神经细胞和神经胶质细胞构成,神经细胞约占脑的10%,神经胶质细胞约占脑的90%。

(一)神经元

神经元是神经系统的基本结构和机能单位,承担神经系统的主要功能活动。神经元的细胞体与其他组织细胞一样,由细胞膜、细胞质和细胞核三大部分组成。人脑中约有1 000亿个神经元,大脑皮层中约有140亿个神经元。

1. 神经元的主要部分

神经元有两个主要组成部分,是神经元的胞体和突起。胞体是神经元的主体,由细胞膜、细胞质和细胞核三个部分构成,主要用来储存营养物质、整合以及发放神经冲动。神经元的周边有突起,是它的第二个组成部分。突起分为树突和轴突,树突形状似树枝,上面散布着许多枝状突起,因此可以接受来自许多其他细胞的信息输入。轴突为细胞的输出端,从胞体延伸出来,一般很长。许多轴突由髓鞘包裹,其作用是与其他细胞的信息流绝缘,且负责加速传递神经信息。沿鞘壁有许多豁口,称朗飞氏结。轴突到突触接端为止。

2. 神经元的主要功能

神经元的主要功能是感受刺激、传导兴奋、整合和传递信息。细胞体和树突主要负责接受和整合信息;轴突始端主要负责产生动作电位,也参与信息整合;轴突负责传导信息;突触末梢则负责向效应细胞或其他神经元传递信息,见图3-3。

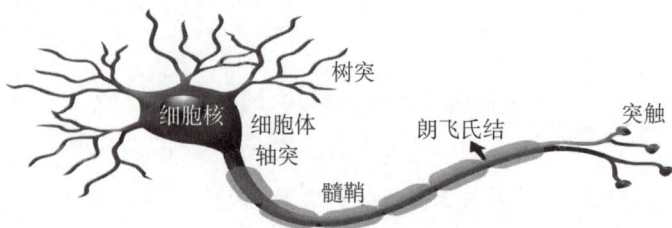

图 3-3 神经元的组织结构图

（二）神经胶质细胞

如果人类神经系统包含约 1 000 亿个神经元，那么胶质细胞是它的 10 倍，这证明胶质细胞发挥着重要作用。它对神经元起辅助作用，是神经系统中的支持细胞，好似保姆的角色。

（三）神经元传递信息的特点

1. 神经细胞之间不相互连接

我们的大脑由错综复杂的神经细胞网组成，但神经元与神经元之间是不连接的。每个神经元的轴突末梢仅与其他神经元的胞体或突起相接触。这是因为如果神经细胞之间相互连接，电信号形式的信息都能够传递进来，那么所有的信息将会一股脑地传到大脑，导致信息过多，从而加重大脑工作的负担，影响大脑的正常运转。

2. 神经信息在转换成化学信号后才能继续被传递

神经元传递的电信号要转换成化学信号之后才能传递到下一个神经元。化学信号里有抑制信号的部分，能将神经细胞内的必要电信号传到下一个神经细胞，而将没有必要被传递的信号中途消灭。神经元信息传递如图 3-4 所示：

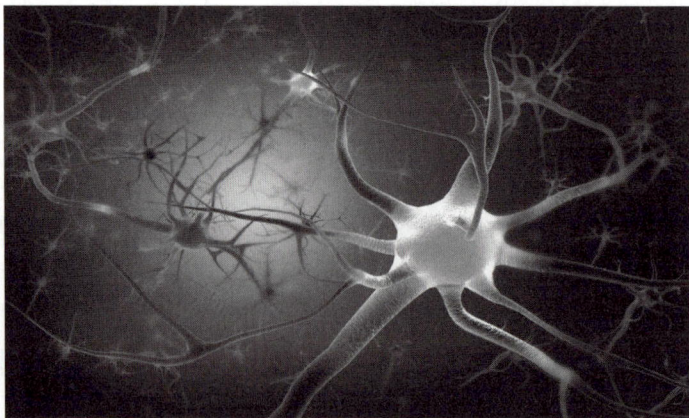

图 3-4 神经元信息传递图

课中加油站

想一想

请举例说明神经信息是怎样传递的。

任务二　大脑的形成

一、大脑胚胎发育

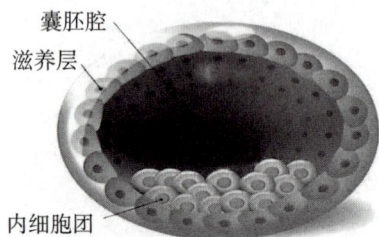

囊胚腔
滋养层
内细胞团

图 3-5　胚胎图

人类大脑的发育过程可以归纳为复制生长和修剪两类，0～11周被称为胚胎，12周到出生被称为胎儿（10周左右胚胎成型，有四肢、头、身体明显器官，可以与其他动物区分开），复制生长类过程包含胚胎形成、神经元形成、胶质细胞形成、突触形成、髓鞘形成，修剪类过程包含程序性细胞死亡、修剪突触。大脑的胚胎发育结构见图 3-5：

胚胎发育的最初就是复制，1变2，2变4，4变8，8到16……之后胚胎细胞开始分化，胚胎细胞会增殖到70～100个，使其从外到内大致分成三层，最外围是"滋养层"，日后会发育成胚膜和胎盘；中间为"囊胚腔"，中下部为"内细胞团"，未来会发育成胎儿的各个组织。在原肠胚形成过程中，囊胚细胞迁移转变，且不断向内凹陷，形成三个胚层：外胚层——日后发育成人体的上皮组织、皮肤和神经组织等，中胚层——日后发育成骨骼肌肉、生殖系统，内胚层——日后发育成内脏、腺体等。

二、神经系统发育过程

（一）复制阶段

我们的神经系统最初只是薄薄的几层细胞平躺着，随着细胞增殖内陷后会离开外胚层表面形成中空的神经管，神经管的分化依赖不同区域的增殖分化调控。第一阶段形成了三个初级脑泡：前脑、中脑、后脑；第二个阶段次级脑泡开始分化，前脑演变成端脑和间脑，后脑逐步演变分化成脑桥、小脑、延髓。随着端脑的生长变化，逐渐有了许多凸起和凹陷（为了增大面积容纳更多细胞），并包裹住了间脑。因此随着大脑不断的增殖细胞和细胞分化，大脑雏形形成，并包含了许多的组织结构、神经元和胶质细胞。

（二）迁移和修剪阶段（突触具有可塑性，但并非越多越好）

复制生长阶段完成后，进入迁移和修剪阶段。端脑中的神经元主要从两个神经通路开始迁移，逐渐地会迁移、排列为 6 层不同的结构。18 周左右突触开始形成，神经元开始建立连接，30 周左右髓鞘开始包裹神经元，突触的生长会一直到中老年，髓鞘的包裹直到 20 岁左右才完成。0～6 岁儿童大脑突触发育对比见图 3-6：

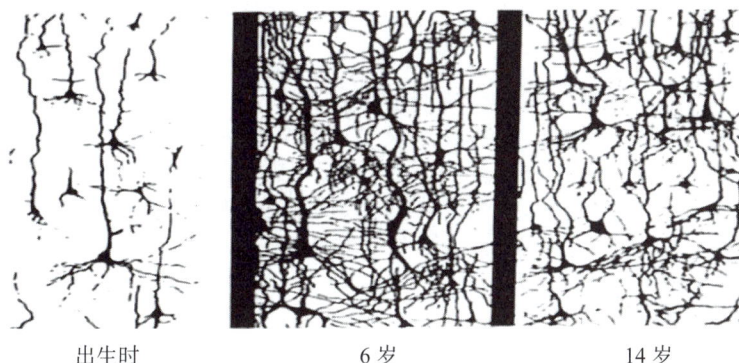

出生时　　　　　　　6 岁　　　　　　　14 岁

图 3-6　大脑神经元发育对比图

上图分别是儿童出生、6 岁和 14 岁时脑部的医学影像图，可以清晰地看到不同年龄阶段大脑神经元的发育情况。

通过对比不同年龄阶段的突触连接图，可以发现刚出生的时候大脑神经元和突触是最少的，6 岁时神经元和突触增长非常快，变得非常密集，到了 14 岁又开始变少。由此可以得知在我们大脑发育的过程中，突触连接并不是随着年龄越大就会越多，但不可否认的是 0～6 岁是大脑神经元发育最为快速的时期。

另外，神经元上的突触并非越多越好，事实上在出生前我们的大脑就已经在不断增殖的同时也在"杀死"一部分神经元，修剪突触连接。如果某个神经元被标记为受伤或是无用，它就会被胶质细胞处理杀死，胶质细胞会吃掉无用的突触。出生后，神经元会开始修剪，经常使用的突触会被强化保存，而无用的突触在一段时间后就被吃掉，这也是大脑"用进废退"的根本原因。

突触修剪是认知学习的重要过程，能够抑制神经过度兴奋。有研究称突触修剪过多会出现精神分裂症，而修剪过少则与自闭症相关。在此需要特别说明的是：突触并非越多越好，因为受伤的神经元需要被清除，且无用的神经元会损耗不必要的能量，让我们的大脑更低效。

目前，依然有许多行业中的学前教育机构由于对神经系统理解得不全面，在知识宣教的过程中经常会跟家长介绍"大脑中神经元突触发育越多，连接越广，大脑就越聪明"，诸如此类的表述其实是欠科学性和严谨性的。

课中加油站

神经元能感受刺激、传导兴奋、整合和传递信息，为了让大脑更快地输送更多的信息，是不是神经元中的突触发育越多越好？

任务三 大脑结构

感觉统合教育是神经学和教育学的融合。艾尔斯博士认为大脑不仅是阶层性的排列，也可以整体一起工作。所谓的阶层性排列是将中枢神经系统想象成由上而下的排列，分别是大脑半球—脑干—脊椎系统，它们之间互相依赖但又有从属关系。因此，大脑皮质会对较低层次的神经系统发号施令，例如命令下层神经系统忽略不重要的刺激；而较高层次的神经系统发展也必须依靠较低层次神经系统的成熟。艾尔斯博士认为感觉统合主要发生在较低层次的神经系统，特别是脑干和视丘：前庭及本体讯息的处理主要发生在脑干，而对身体感觉的处理则常发生在脑干和视丘。

从某种角度来看，较低层次神经系统的功能好像地基，必须稳固地搭建之后才能开始往上盖，因此脑干和视丘的效能增加会促进大脑的功能，这也是整个感觉统合理论的精髓：我们无法直接去改变儿童的大脑皮质功能，例如认知学习、记忆、自我调节或是复杂的动作技能等，但是基于感觉统合理论的感统训练可以通过增进脑干、视丘等较低阶层神经系统的效能，间接地促进大脑皮质功能，最终实现增进儿童适应性行为，提升幼儿多维度学习能力的目的。

一、端脑

（一）位置

端脑就是人们平时说的"大脑"（脑的最高级部位），由左、右大脑半球凭借胼胝体连接而成，位于整个脑的最上端，是由胚胎时的前脑泡演化而来，在演化的过程中，前脑泡两侧高度发育，形成端脑的左、右大脑半球，遮盖着间脑和中脑，并把小脑推向后方。

（二）结构

端脑由大脑纵裂分隔为左、右两个大脑半球，纵裂的底为胼胝体，端脑表面凹凸不平，隆起处称为回，凹陷处称为沟，每个端脑半球都有三条较为特殊的沟，外侧沟、中央沟和顶枕沟。它们将每个大脑半球都分为额叶、顶叶、颞叶、枕叶和岛叶五部分，额叶主要与运动有关，顶叶与感觉有关，枕叶和颞叶分别为视觉和听觉中枢，主要负责思考、感觉、记忆、语言及运动等，岛叶可能与自主神经有关。端脑结构及形态见图 3-7、图 3-8。

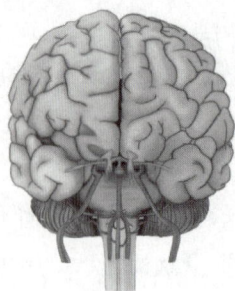

图 3-7 端脑解剖结构图　　　　图 3-8 端脑外形图

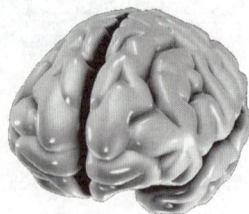

（三）功能

端脑作为大脑的最高级中枢，占脑容量的 80%，它的功能十分强大，是掌管思考、感觉、记忆、语言和运动的神经中枢。从整体来看，大脑左半球主要与语言、逻辑思维、分析综合和计算功能有关，大脑右半球主要与音乐、美术、空间、几何能力、人物面容的识别及视觉记忆等方面有关。

二、间脑

（一）位置及形态

间脑被两个大脑半球所覆盖，位于中脑和端脑之间，它是位于大脑中心的中枢神经系统。它由大量的灰质组成，它们在生物体内发生着非常重要的作用，各个感觉系统的神经信息分析与处理的过程大部分都需要在此进行精密的加工（图 3-9）。

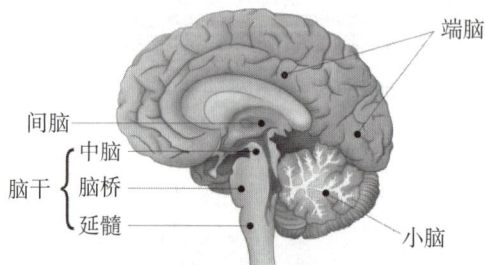

图 3-9 间脑位置图

（二）结构

间脑的主要结构是丘脑（图 3-10）和下丘脑等。丘脑构成间脑的背部，接近大脑半球中央。下丘脑位于脑的基底部，控制自主神经、内分泌系统以及组织与种系存活相关的行为。间脑包含上丘脑、丘脑、后丘脑、底丘脑和下丘脑五个部分，与感觉统合联系最紧密的是丘脑。

（三）功能

间脑各部分都有其特殊功能，但主要功能表现为对躯体性与内脏性感觉（嗅觉除外）冲动的接受和初步整合，并中继给大脑皮质特定感觉区，它也是大脑皮质下自主神经和内分泌的调节中枢。

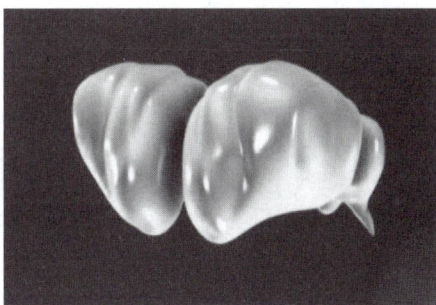

图 3-10　丘脑图

三、脑干

（一）位置

脑干位于脊髓和间脑之间的较小部分，位于大脑的下面。人脑的 12 对脑神经中有 10 对脑神经与脑干相连，这些脑神经主要与头面部的感觉、运动等功能活动有关。明晰脑干与 10 对脑神经的关系就能够理解感觉统合训练为何主要针对脑干和视丘进行。

（二）结构

脑干自上而下由中脑、脑桥、延髓三部分组成，其结构及外形见图 3-11、图 3-12。

中脑：中脑位于脑桥之上，恰好是整个脑的中点。其背面有四个丘的顶盖，是听觉及视觉的反射中枢，凡是瞳孔、眼球、肌肉等活动均受中脑的控制。

脑桥：脑桥位于中脑和延髓之间，在运动功能中起着重要作用，并可将神经冲动自小脑一半球传至另一半球，使之发挥协调身体两侧肌肉活动的功能。

延髓：延髓居于脑的最下部，与脊髓相连，主要功能为控制呼吸、心跳、消化等，包括呕吐、咳嗽、打喷嚏、吞咽。

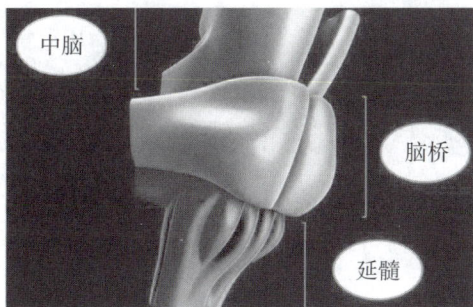

图 3-11　脑干结构图

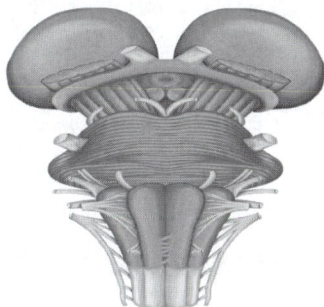

图 3-12　脑干外形图

（三）功能

1. 传导功能

大脑皮质、间脑与小脑、脊髓相互联系的上下行纤维束均经过脑干。因此，脑干是大脑、间脑与小脑、脊髓和周围神经联系的重要通道。

2. 反射功能

脑干具有多个反射活动的低级中枢。如中脑内有瞳孔对光反射中枢，脑桥内有角膜反射中枢，延髓内有调节呼吸运动和心血管活动的"生命中枢"。

3. 警醒度调节功能

在脑干中央周围有巨大的网状结构，也称为"网状系统"，是形态类似蜘蛛网的神经结构，能够保持大脑皮层觉醒、调节骨骼肌张力、维持生命活动。

4. 肌张力与姿势的调控功能

在运动调控系统中，脑干在功能上起"上下沟通"的作用。脑干内存在抑制和加强肌紧张的区域，在肌紧张调节中起重要作用，而肌紧张是维持姿势的基础。

四、小脑

（一）位置

小脑是非常重要的脑部结构，成人小脑约重 150 克，占脑重的 10%。虽然只占颅内体积的 10%，但拥有 50% 的神经元。小脑位于大脑半球下方、脑干后方，覆盖在脑桥及延髓之上，横跨在中脑和延髓之间，与脑干相连。其位置及结构见图 3-13、图 3-14：

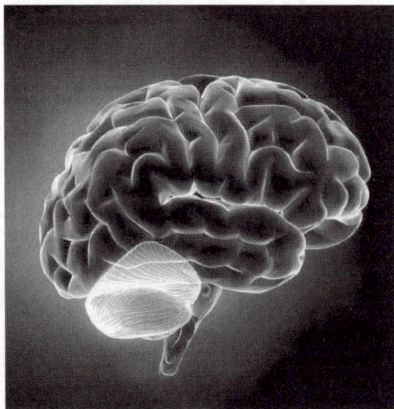

图 3-13　小脑位置图

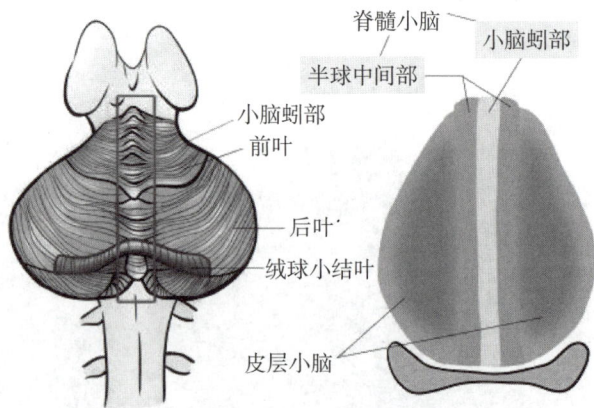

图 3-14　小脑结构图

（二）结构

小脑的中间有一条自上而下的细突起，像一条蚯蚓，故名为小脑蚓部，其将小脑分为左右两个半球。在紧靠蚓部的两边有两条区域，称为半球的"中间部"，蚓部和中间部在功能上被划为一个整体，称为脊髓小脑，脊髓小脑两侧的区域作为一个功能性的整体，统一被称为皮层小脑。被隐藏在小脑内里靠近底部的结构绒球小结叶在功能上叫作"前庭小脑"。

（三）功能

前庭小脑：调整肌紧张，维持身体平衡，协调眼球运动。（病变引起平衡失调，出现位置性眼震颤）

脊髓小脑：接受运动的信号，可与肢体与躯干四肢发生联系，与大脑皮层一起调控肌肉的活动，控制肌肉的张力和协调。（病变引起共济失调）

皮层小脑：调控骨骼肌的随意、精细运动，影响运动的起始、计划和协调，包括确定运动的力量、方向和范围。它对一些只有人类擅长的精巧运动有关，如打字、体操运动、弹钢琴时感觉到手指似乎有记忆一样。

（四）儿童小脑发育不良症状

小脑发育不良是指小脑发育不成熟，停留在胚胎时期某个阶段中的形态。一般是在出生前后，脑组织在发育未成熟时遭受损害，从而造成一种不可逆的病变。一般常见以下四种症状：

智力以及知觉障碍：小脑发育不良的患儿常会出现智力低下的情况，主要表现为学习速度慢，对于一些基本的知识需要重复学习，而知觉障碍主要是指患儿对外界的刺激不敏感或者是无反应。

肢体协调性差：小脑发育不良患者的稳定性、协调性差，易导致身体姿势异常、别扭、不对称，步态左右摇摆呈怪异形态。

视听觉障碍：视觉方面主要表现为近视或者斜视，听觉方面主要表现为听力下降，辨别声音能力差，很难寻找到声音源头。

语言障碍：随着年龄的增长，患儿学说话时可能出现口吃或说话不清楚的情况，严重者会出现失语症。

在线练习

课后测试

知 识 巩 固

一、单项选择题

1. 人类大脑皮层中约有（　　　）个亿神经元。

    A. 1 000　　　　　　　　　　B. 140　　　　　　　　　　C. 100

2. 神经系统发育在（　　　）阶段形成大脑雏形。

    A. 复制阶段　　　　　　　　B. 迁移阶段　　　　　　　　C. 修剪阶段

3. 脑干的结构从上至下分别是中脑、脑桥和（　　　）。

    A. 端脑　　　　　　　　　　B. 丘脑　　　　　　　　　　C. 延髓

二、判断题（正确打√，错误打 ×）

1. 神经元可以感受刺激、传导兴奋、加速信息传递、整合和传递信息。

    （　　　）

2. 端脑作为大脑的最高级中枢，分为五个叶，其中额叶与运动相关，枕叶与听觉有关，颞叶与视觉有关，顶叶与感觉有关。　　　　　　　　　　（　　　）

3. 脑干主要是维持个体生命，包括控制呼吸、心跳、消化、体温、睡眠等，还能协调身体两侧肌肉活动。　　　　　　　　　　　　　　　　　　（　　　）

三、简答题

1. 简述神经系统发育的过程。

2. 简要介绍丘脑。

四、论述题

根据神经系统理论，论述感觉统合教育如何对神经系统产生正向的刺激，从而增进幼儿适应性行为，提升幼儿能力。

课后拓展

创新任务单

班级：	姓名：	学号：

课后拓展任务：

　　1. 任务情境

　　小古丽，18个月，由于爸爸妈妈工作很忙，小古丽平时主要照护者是奶奶。最近她特别喜欢自己用小勺投食，但半个小时下来米饭没有几粒进嘴里，小古丽会弄到桌上、脸上、衣服上和地上，到处都是，奶奶看着着急不已，生怕小古丽搞破坏还吃不饱，坚持喂饭，说等孩子大些时候再让她锻炼吃饭。

　　2. 任务要求

　　请以小组为单位组内讨论并模拟角色扮演，一位同学当早教中心的教师，一位同学扮演小古丽，一位同学扮演奶奶，并向小古丽奶奶提供科学的家庭指导。

学习后的收获与感想：

学生存在的困惑：

教师评价：

模块四

三大基础感觉系统

模块导图

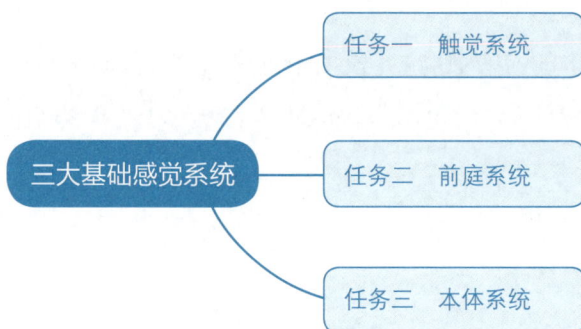

三大基础感觉系统
- 任务一　触觉系统
- 任务二　前庭系统
- 任务三　本体系统

模块寄语

　　意大利幼儿教育家蒙特梭利曾说："我们现在看到的最错误的想法便是以为身体活动就只是身体活动而已，以为它不具有更高层次的功能，其实，心智的发展必然和身体动作相配合，而且是相互依赖存在的。"就如幼儿日常的行为活动离不开感觉系统中更高层次的功能机制。

　　本模块将主要通过学习触觉、前庭觉及本体觉对幼儿日常行为产生作用的内在机制，深入了解三大基础感觉系统对于幼儿身心发展的奥秘。

👣 **学习目标**

1. 知：阐述触觉系统、前庭系统和本体系统三大系统的定义和功能，解释前庭系统和前庭觉的差异，了解前庭神经传输的六条神经通路。

2. 行：能理解触觉感受器、前庭感受器和本体觉接收器的功能与作用，能依据案例理解触觉、前庭觉及本体觉的神经传输通道。

3. 意：体会触觉、前庭觉和本体觉对于幼儿个体发展的重要价值及意义，在教育实践中将感知的主动权还给幼儿，为成为幼儿成长道路上的引路人感到自豪与骄傲。

👣 **课前预习**

任务一：预习任务一学习内容，将触觉感受器在皮肤中的分布及作用绘制成一幅分布图。

任务二：预习课前案例，思考32个月的可乐走路易平地摔跤，甚至有时突然在平地自发双膝跪倒在地的原因。

任务三：观看线上学习视频，对本体觉的功能在理解的基础上进行分析。

任务一　触 觉 系 统

　　某中心新来了一位叫可乐的小朋友，王老师发现他跟班上其他小朋友相比有明显的不同。主要表现在：可乐在区域活动玩玩具时动作看起来不太灵活，此外可乐不愿意和小朋友一起排队，总是一个人走在外面，王老师上前拉可乐手腕，可乐表现得十分抗拒，一边说不要不要，一边抗拒同王老师拉手。

一、触觉系统与触觉

（一）触觉系统

　　触觉系统是人类发展最早（5.5 周左右）、分布最广泛、影响最大的感觉系统，是人类认知和运动发展的基础（婴儿通过触觉获得外界信息，与周围世界互动，触觉系统是婴儿的保护罩）。

（二）触觉

　　触觉是接触、滑动、压觉等机械刺激的总称，通过表皮的游离神经末梢去感受周围环境中的各种刺激信息，如冷暖、干湿、形状、材质、大小、体积、光滑度等，还能提供压力感、痛痒感等。触觉系统在人类行为中（无论是生理还是心理上）扮演着很重要的角色。

二、触觉感受器

（一）触觉感受器的定义

　　触觉感受器亦称接触感受器或皮肤感受器，是接收皮肤刺激，传导触觉和压觉的感受器，也可看作是机械感受器的基本类型。我们皮肤表面具有四种机械感受器，这些机械刺激感受器和髓鞘轴突相连。当物体接触到我们的皮肤时，外部压力会深入皮肤的深层，使机械感受器感受到这种外力，从而产生动作电位或者信号传递到神经元，进而传递到中枢神经系统。触觉感受器如图 4-1 所示：

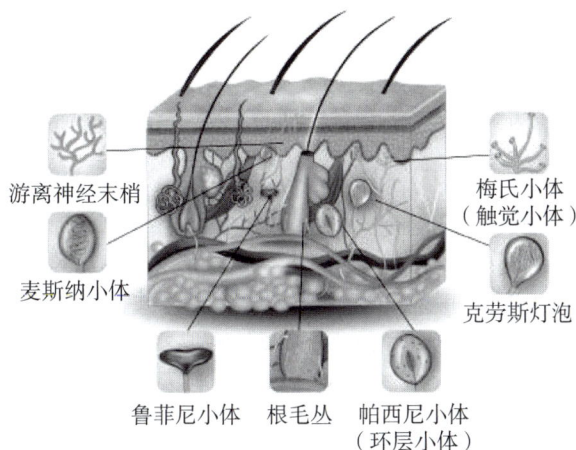

图 4-1 触觉感受器位置及结构图

（二）皮肤表面四种感受器及作用

触觉感受器的分布及功能见表 4-1：

表 4-1 触觉感受器的分布及功能

感受器	分布	功能
麦斯纳小体	皮肤真皮乳头层内	接收碰触、轻压刺激，与分辨触点距离、物体属性相关
梅氏小体（触觉小体）	光滑皮肤的基底细胞层及有毛皮肤的毛盘	促进所有特化的感觉功能的接收和传导，产生轻触反应
鲁菲尼小体	毛状和无毛皮肤的真皮浅表	记录低频的振动或压力，缓慢地适应压力，致使皮肤拉伸
帕西尼小体（环层小体）	皮肤的皮下组织，指尖、趾间、手掌和脚底	感受到皮肤触觉、压觉和振动觉，如感知粗糙和光滑的感觉
备注：每个感受器会依据物体的形态、神经支配模式和皮肤深度作出不同的反应。触觉可以被理解为这四种感受器所提供信息的综合结果		

（三）触觉与压觉的区分

触觉和压觉很难区分，但如果从神经纤维所传导的电反应来看，放电持续时间长的是压觉（持续性刺激神经放电）；而给予连续的刺激，放电数次后就中止的为触觉（非持续性的少量放电）。

三、触觉系统功能

位于头顶的大脑顶叶主管触觉辨识，低层次部分负责感知冷热、压力，高层次部分负责触觉的辨识，如皮肤被触碰的两处形成的位置辨别、物体形状的触辨、物体质感的辨识等，其功能如表4-2、图4-2所示：

表 4-2 触觉系统功能

保护防御功能	触觉防御是人类进化出来自我保护的本能反应，当触觉感受到危险，比如火焰、针尖、刀锋等，触觉信息迅速反馈到中枢神经并瞬间做出肌肉动作来规避危险，也称之为触觉防御性反应
触觉辨识功能	触觉系统能帮助幼儿分辨物体的形状、区辨物体的特征，建立良好的手部操作技巧。婴儿出生的时候，触觉保护性功能占优势，随着神经发育的不断成熟开始逐渐发展触觉的辨识能力，2岁之后触觉防御性保护反应逐渐降低，触觉辨识能力逐渐占优势，为精细运动发育及认知发展奠定基础
安抚情绪功能	触觉系统与人的情绪状态息息相关，轻拍、拥抱会让沮丧的人获得安慰；不舒服地捏、打也会让人勃然大怒；身体的疼痛、不适会让人情绪失控、暴躁
社会交往功能	人们常靠触觉来互动及表达情感，例如拥抱、亲吻、握手等，因此触觉系统对于儿童的人际关系发展极为重要
促进身体概念形成	触觉可以通过对自身身体部位的认识帮助幼儿进一步建立与发展出正确的身体概念。幼儿玩玩具的时候边看边摸索（尝）就是最初的视觉-触觉统合，通过这些身体部位的触摸有助于幼儿发展出正确的身体概念
促进动作发展功能	婴儿学习的起始就是触摸与活动。幼儿通过本体觉与触觉的接触，知道手脚伸出去后还能收回来，慢慢学会控制四肢。良好的触觉发展又能促进本体觉发展，日后能让幼儿的各类动作都更熟练
促进语言发育功能	幼儿通过手和口认识世界。将乳头或别的东西轻触婴儿的嘴唇，婴儿会发出吸吮反射，这是与生俱来的本能。若宝宝口腔刺激不足，口轮匝肌的封闭性以及舌头的灵活性都会受到影响，从而影响幼儿发音的清晰度

图 4-2 触觉组图

四、触觉信息传输通道

（一）内侧丘系通路

内侧丘系通路又称为 DCML 系统，与它相关的接受器主要产生机械性刺激反应，如传导触觉、压力觉、震动、本体感觉信息。因此，它与触觉区辨或知觉的功能相关。由于传递肢体位置的触觉和本体觉都汇集在内侧丘系，其也负责传递与身体和肢体在空间中位置相关的动作信息。内侧丘系通路见表 4-3：

表 4-3　内侧丘系通路

1	与分辨性触觉有关，分辨触压觉和震动；物体的形状、大小、轮廓、材质等
2	与儿童的精细动作发展有关（例如：拿汤勺吃饭、拿笔写字、折纸、搭积木等）
3	与儿童的动作计划能力、操作物体能力有关
备注：如果这部分通路受到干扰，幼儿的本体觉和触觉都会受影响，从而影响幼儿精细动作的准确性、操作能力等，而当幼儿无法靠触觉去分辨手指之间、或是与其他平面之间的关系时，会影响幼儿的功能性表现	

此外，有些触觉信息不需要传入大脑，在低级中枢（脑干）就能被处理。比如，脑干中的神经核就可以对触觉信息进行处理，让我们知道是不是有什么东西弄疼了我们的皮肤，是冷、热还是瘙痒？不过这种处理只是帮助我们察觉某个刺激是不是有危险性，而不能准确地告诉我们这个刺激发生在皮肤的哪个地方，是由什么造成等细节性的内容。

（二）前外侧系统

前外侧系统又称为 AL 系统。AL 系统主要传递未分化、保护性的触觉刺激，如痒觉、痛觉、温度觉、拧掐等，并经由网状结构将感觉刺激传递到边缘系统与自主神经系统。它能协助我们的身体感受到关节的疼痛、温度及粗略性感觉，且会在身体组织受伤后才反应。

此外，来自 DCML 的刺激可以抑制 AL 系统所传导的刺激。想象一个场景：当我们在运动过程中不小心碰到了桌子的拐角，来自皮肤感受器接收的痛觉信息经 AL 通道向上传递，让我们的大脑迅速感受到疼痛，99% 的人都会不由自主地用一只手反复按压与揉搓被磕碰的地方，让我们瞬间觉得没有那么疼痛了。又好比炎热的夏天，我们都会经历被蚊虫叮咬的烦恼，当我们真的觉得很痒的时候，我们都会忍不住用指甲去掐、去挠、甚至用手掌用力拍打，因为只有这样才能减少身体的瘙痒感，这些典型的生活经历能让我们更容易理解重压可缓解疼痛和瘙痒的原理。而隐藏在其中的深层神经学原理其实就是来自 DCML 的深压（本体觉）刺激抑制了 AL 系统传递的痛觉和痒觉。

回归到儿童感统教育的问题上，如果前外侧系统受到干扰，幼儿可能会出现触觉防御的情况。如有的幼儿，可能别人只是轻轻地碰了他，他却觉得是用力打了他，因而可能会产生暴怒反击行为。前外侧神经通路结构图见 4-3：

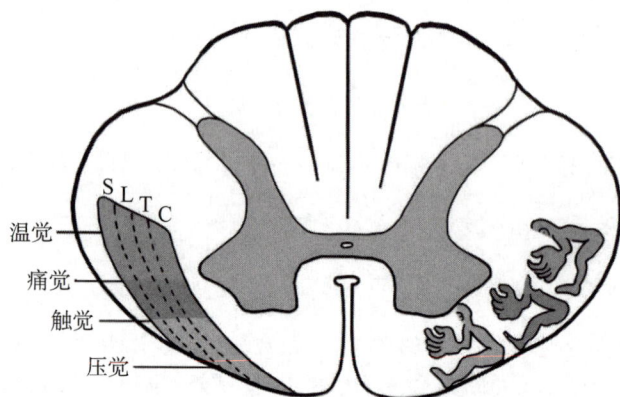

温觉
痛觉
触觉
压觉

图 4-3 前外侧神经通路结构图

课中加油站

想一想

剖宫产的波仔，36 个月，幼儿园里老师发现波仔特别好动，很喜欢用手触摸各种各样的小东西，玩笔、玩抽屉，最头疼的是喜欢搞破坏，做区域活动的时候，其他小朋友专注搭起来的积木，调皮的波仔一把就把积木推倒，惹得小朋友哭鼻子。因这样的事情经常发生，主班老师常批评波仔，但是似乎对波仔没有产生良好反应，波仔依然喜欢搞破坏。

任务二　前　庭　系　统

案例导入

　　32个月的可乐，走路特别容易平地摔跤，喜欢自发双膝跪到地上。有一次在户外玩时不小心向后摔倒，磕了后脑勺，从此以后妈妈嘱咐阿姨走哪都得牵着可乐的手，不准可乐到处乱跑。

一、前庭系统与前庭觉

（一）前庭系统

　　前庭系统是内耳中主管头部平衡运动的一组装置。人体内耳位于颞骨岩部骨质内，由于其形状不规则且类似迷宫，故又称为"迷路"。它是由骨迷路和膜迷路组成的。其中，骨迷路包括：耳蜗、前庭、半规管；膜迷路包括：蜗管、球囊、椭圆囊、半规管中的膜半规管。

（二）前庭觉

　　前庭觉也被称为平衡觉、静觉，是通过内耳的一组掌管平衡运动的前庭装置，对人体自身运动状态和头部在空间中的位置进行感知与调控时产生的感觉。前庭这组特殊的装置能接收适宜的刺激，并将其传入脑干内的前庭神经核及小脑，经与其他感觉信息的整合、加工等处理后，再经6条神经通路把这些信息传送到脑内更高层次的中枢，开展高层次的加工处理，形成主观意识或作出特异性和非特异性的功能反应，它是影响儿童成长和学习发展最重要的因素之一。

二、前庭系统的功能

　　前庭系统在儿童身体发育过程中的作用无可替代，它的功能不仅独特且非常强大。

　　在日常生活、工作和学习中，我们必须保持正常的姿势才能顺利进行各项活动。然而正常姿势的维持依赖于前庭器官、视觉器官和本体感觉器官的协同活动。其中，前庭系统的成熟与否与躯体平衡之间的关系十分密切。若幼儿平衡感不良，不仅身体操作会不稳定，也会产生好动不安的现象。此外，多动的幼儿前庭功能普遍不佳。

前庭系统几乎包括了所有和语言发展相关的器官，因此前庭系统发育不良，幼儿的语言能力发展也会因此受到影响。前庭系统的作用和功能如表4-4、图4-4所示：

表4-4　前庭系统的功能

1	调节身体平衡
2	维持正确姿势
3	发展出身体两侧协调能力
4	稳定眼球、清楚对焦
5	影响大脑的警醒程度
6	整合其他感觉信息，影响其他感觉神经的功效
影响动作的发展：高度技巧的动作所需的精准时间、顺序和方位速度感决定于前庭神经系统	
影响幼儿的睡眠：适当的前庭神经刺激可以调节儿童睡眠的质量	
影响警醒度与专注力：前庭神经刺激进入网状神经系统，这是大脑的警醒中心，使人清醒，提升专注力	
影响视觉、空间知觉和方位感：例如写字时能使写出来的字体大小保持一致，间距恰当；在格子内写字时，可保持间架结构匀称，看起来美观	
影响听觉和语言的发展：前庭神经核与听觉神经共用内耳当作感觉接受器，又共同由前庭神经传导，因此能促进听觉处理功能	

图4-4　前庭系统功能漫画插图

三、前庭觉发育过程

前庭觉发育过程如表 4-5 所示：

表 4-5 前庭觉的发育过程

胎儿期	胎儿在母体内 8～9 周时出现前庭反应，10～11 周时开始做动作，5 个月时可以感受母体的身体活动
新生儿	新生儿对移动有明显的感觉，并会做出反应
1～3 个月	宝宝能感受到自己身体和重力的感觉，可做出较多的顺应性反应
4～6 个月	宝宝头部非常有力，可以抬头和转头。6 个月时，宝宝可同时抬头、挺胸，并将手臂和腿抬离地面，依靠肚子来平衡全身
7～9 个月	宝宝由俯卧转换至趴着的姿势，能移动身体，并在移动过程中树立空间结构和距离概念
10～12 个月	宝宝可以爬得更远，并且和四周的环境产生更密切的关系。宝宝开始站起来，学习用双脚来支撑和平衡身体，并练习跨步走路
13 个月以后	幼儿能逐步完成需要更多空间移动、姿势控制、手眼协调、双侧协调配合的活动，都与前庭系统发育有关

四、前庭系统感受器

（一）椭圆囊、椭圆囊斑及毛细胞

椭圆囊：椭圆囊位于前庭的后上方，属内耳迷路的一部分，是一个微扁而略长的椭圆形囊，能够提供给大脑与地心引力有关的头部在空间中的方位信息，也因直线加（减）速运动而兴奋。

椭圆囊斑：椭圆囊底有一处黏膜增厚，形成斑状隆起，称椭圆囊斑。椭圆囊斑上覆盖着含碳酸钙结晶的耳石膜，能够感受头部在水平面上的静平衡以及直线加速度，影响四肢伸肌与屈肌的张力。

毛细胞：椭圆囊斑内有毛细胞，毛细胞的纤毛埋于耳石膜内，会随人体直线变速运动发生位移，从而产生化学信号。椭圆囊斑和球囊斑能感受直线变速运动和头部的空间位置，同时通过姿势反射引起躯干和四肢的肌张力改变，保证躯体平衡。前庭组织结构见图 4-5：

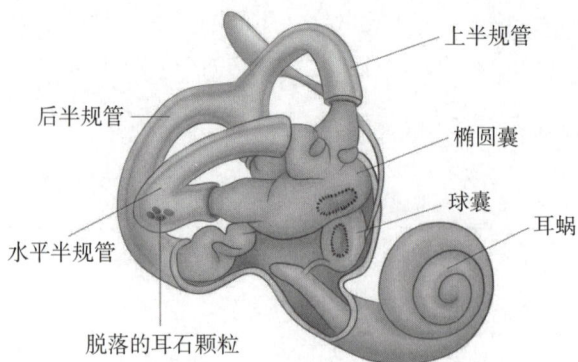

图 4-5　前庭组织结构图

（二）球囊及球囊斑

球囊：球囊又称球形囊，与椭圆囊并列。两者的构造很相似，都是重力感受器，感受细胞在椭圆囊水平位置，并列于球囊垂直面上。

球囊斑：球囊斑是内耳前庭部球囊前壁上的一个斑块状隆起，为内耳的位觉感受器。球囊斑能感受垂直面直线变速运动和头部空间位置，同时通过姿势反射引起躯干和四肢的肌张力改变，保证躯体平衡。

（三）耳石

耳石是控制人身体平衡的重要器官，覆盖在椭圆囊斑和球囊斑的毛细胞上，它是可以感受重心变化的碳酸钙盐结晶，形状像石头，故称为耳石。

（四）半规管与毛细胞

半规管：半规管是维持姿势、和平衡有关的内耳感受装置，是内耳的组成部分，由上半规管、后半规管和外侧半规管组成，连结内耳与前庭。其一端有一个膨大部分，称为壶腹，具有隆起的膈膜，壶腹壁上有壶腹嵴，表面同样覆有毛细胞。当机体做旋转变速运动时，半规管中的内淋巴移位，壶腹帽倾斜，毛细胞受刺激，引起对应感觉，同时也形成姿势反射，维持身体平衡。半规管的具体功能如表 4-6 所示：

表 4-6　半规管的功能

序号	具体功能[1]
1	感受角加（减）速运动刺激，产生旋转感觉

---

[1] 朱大诚.生理学速记［M］.北京：中国中医药出版社，2016.

序号	具体功能
2	调整躯体肌的紧张性，引起姿势调节反应，对抗刺激，维持身体平衡
3	过强、过久的刺激可引起一系列自主神经性反应（运动病）
4	特殊的反应——眼球震颤：快动方向与旋转方向一致

毛细胞：前庭器官的感受细胞都称为毛细胞，具有类似的结构和功能。

究竟前庭系统的感受器是经历了怎样的过程使其能够保持机体的身体平衡呢？半规管壶腹嵴的适宜刺激是正、负角加速度，椭圆囊和球囊囊斑的适宜刺激是直线加速度运动。由于不同毛细胞纤毛排列方向不同，当头部位置改变或囊斑受到不同方向的重力及变速运动刺激时，有的毛细胞发生亢奋，有的发生抑制。不同毛细胞综合活动的结果反射性地引起躯干和四肢不同肌肉的紧张度发生改变，从而使机体在各种姿势和运动情况下保持身体平衡。[1]毛细胞组织结构见图4-6：

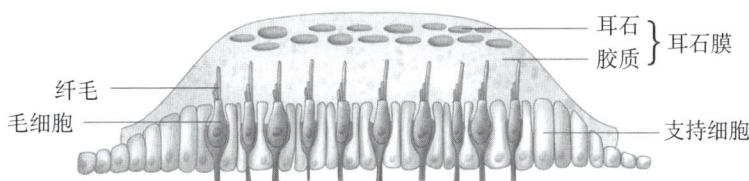

图4-6 毛细胞组织结构图

（五）前庭感受器对应的空间侦测方位

前庭感受器的作用见表4-7：

表4-7 前庭感受器各结构及其作用

结构	分类	侦测方位
椭圆囊	重力感受器	水平：前后、左右
球囊	重力感受器	垂直：上下
前半规管	位觉感受器	前后
后半规管	位觉感受器	上下
外半规管	位觉感受器	左右

[1] 张秀娟.生理学概论［M］.北京：中国医药科技出版社，2017.

五、前庭神经核、前庭神经与前庭神经传输通路

前庭系统是人体平衡系统的重要组成部分，其内耳的耳石器和半规管接受适宜的刺激信号后，经前庭神经传入前庭神经核，并在此与其他感觉信号整合，经由六条不同传导通路产生特异性或非特异性功能。在了解前庭信息传输通路之前，需要先理解前庭神经核与前庭神经的区别与联系。

（一）前庭神经

前庭神经是听神经的一部分，其中枢支组成前庭神经，与蜗神经一起经内耳孔进入颅腔，在经脑桥尾端进入脑桥后终止于脑桥及延髓内的各前庭核。

前庭核接收的信息分布并不均匀。向颈髓运动神经元投射的神经元较容易被前庭器官传入冲动所兴奋，而向脊髓尾段运动神经元投射的前庭神经元则难以兴奋。研究发现来自位觉斑的平衡信息向上传送主要通过前庭脊髓外侧束。前庭神经位置见图4-7：

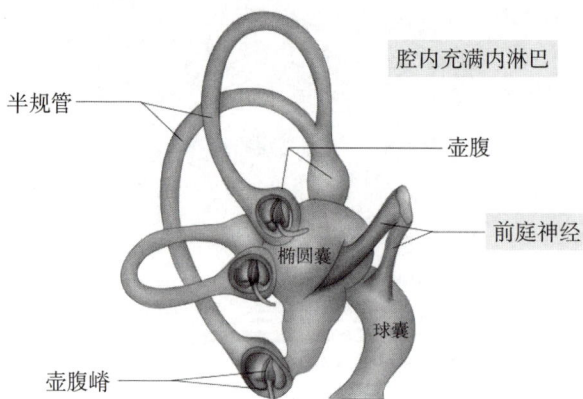

图4-7　前庭神经位置图

（二）前庭神经核

前庭神经核接受平衡觉、位置觉的传入，换元后向高级中枢传递，产生意识；前庭神经核发出的纤维投射至动眼神经核、滑车神经核和展神经核，完成眼肌前庭反射；前庭外侧核发出纤维组成前庭脊髓束，完成躯干、四肢的姿势反射，参与小脑的平衡调节。

前庭神经核是一组核群，位于第四脑室前庭区深处，包括4个核：前庭上核、前

庭下核、前庭外侧核和前庭内侧核。它有广泛的传入传出纤维联系：脊髓、小脑、脑干网状系统、丘脑以及大脑皮质与前庭核群之间都有纤维来往。

（三）前庭神经通路

前庭神经核发出的神经纤维，通过内侧纵束和前庭脊髓束（外侧束），分别到达眼动神经核、滑车神经核、外展神经核、网状结构和脊髓前角细胞，借以维持和调节头、眼、颈、躯干、肢体的运动和姿势。此外，前庭神经核接受来自其他感觉系统的输入，尤其是视觉系统。前庭神经通路及功能介绍见图4-8：

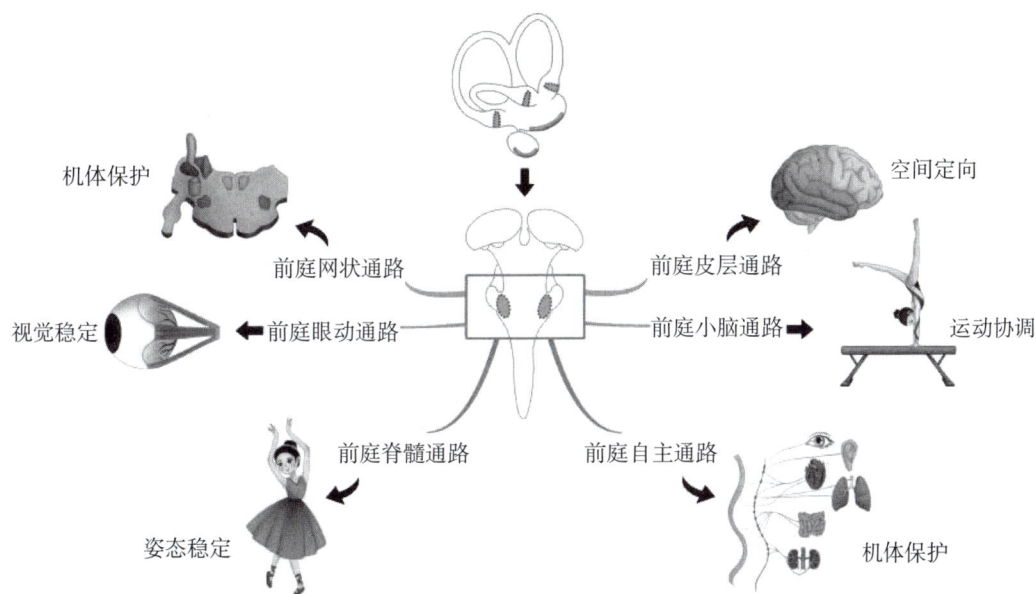

图4-8 前庭神经通路及功能图

1. 前庭皮层通路——空间定向

前庭皮层通路是前庭信息向上经网状结构、小脑、丘脑等上传至边缘系统和大脑皮层前庭中枢的神经通路。这些通路通过整合前庭、本体感觉和视觉信号来提供一个身体方向的意识认知。

2. 前庭脊髓通路——姿态稳定

前庭脊髓通路与人体平衡调节有关。由于前庭神经核通过外侧和内侧的脊椎通路将讯息投射至脊椎，这些通路负责影响肌肉张力以及连续性的姿势调整，而从这两条通路可以看到前庭觉和本体觉的互动与作用。其中，脊髓通路的不同传输路径及功能如表4-8所示：

表 4-8　前庭脊髓通路不同传输路径及功能

分类	功能
外侧路径	接受来自半规管、椭圆囊、球囊、前庭小脑连接脊椎的讯息，并将它们传送至颈椎、腰椎、尾椎上的 a 与 y 运动神经元。从而协调躯干、四肢与头颈的肌肉组织，对儿童维持姿势的肌肉（主要指伸张动作）、姿势的控制和稳定有莫大的影响
内侧路径	接受来自小脑、皮肤、本体觉接收器的讯息，并将神经讯息传导至颈椎肌肉群的神经元，可以帮助头部维持稳定的姿势，让我们在站立和行走过程中头部活动可以相对自由，视觉也能够审视或扫描周围的环境

3. 前庭自主通路——机体保护

前庭神经会将讯息由脊髓锥体神经体系传达到身体各部分，通知肌肉收缩和运动。同时也会将这种肌肉和关节的信息传到前庭神经以及小脑。如果这方面功能不佳，幼儿会常常跌倒或撞墙，动作上也显得笨手笨脚。

4. 前庭眼动通路——视觉稳定

前庭眼动通路关系到前庭眼反射的实现。这些神经连结可以让孩子头部或身体转动时维持眼睛的稳定，提供稳定的视觉影像。因此头部转动的方向通常与眼球转动的方向是相反的，被称为前庭-眼球反射。这也是前庭眼球震颤的基础（正常人的旋转测验后眼颤时间为 15～45 秒，平均时间为 30 秒，两侧相差不超过 5 秒，过长或过短都说明前庭功能有过敏或减弱的可能。

5. 前庭小脑通路——运动协调

前庭小脑通路是前庭神经与小脑间信息来往的通路。它与小脑绒球小结叶一起组成对维持身体平衡和骨骼肌张力具有最重要意义的复合体，此区域与机体的协调共济运动密切相关。

6. 前庭网状通路——机体保护

前庭信息通过前庭网状通路到达网状系统，或直接终止于网状结构，以实现前庭刺激与中枢警醒度之间的关系。此外，前庭神经核正是通过脑干网状结构与中枢神经系统的大部分神经核产生着广泛而密切的联系。

六、前庭反应

（一）眼震颤

当人体旋转运动时可引起眼球不自主的节律性运动，称为眼震颤[1]。如做以身体纵

---

[1] 张秀娟.生理学概论［M］.北京：中国医药科技出版社，2017.

轴为轴心的旋转运动时，两侧水平半规管受刺激，可引起水平方向的眼震颤；如做侧身翻转运动时，上半规管受刺激，可引起垂直方向的眼震颤；如做前后翻滚运动时，后半规管受刺激，可引起旋转性眼震颤。

（二）前庭自主神经反应

当半规管感受器收到过强或较长时间的刺激时，可通过前庭神经核与网状结构的联系引起自主神经功能的改变，产生心率加速、血压下降、呼吸加快、出汗、恶心、呕吐、唾液分泌增多等现象，称为前庭自主神经反应。

七、前庭刺激与行为反应解析案例

前庭刺激与人体行为反应案例说明见表4-9：

表4-9　游乐场极速摩托案例

情境描述	我们在游戏场乘坐极速摩托车：摩托车突然启动（面朝前坐）
感受器反应	因惯性躯体后仰—耳石膜因重力前移下压—囊斑毛细胞偏曲从而产生电讯号—信息通过前庭神经传递，到前庭神经核时分成两个通道分别传递
内侧纵束	内侧纵束将信息继续传至丘脑，其中一部分经丘脑继续向上传到大脑皮层额叶的相应区域产生运动觉，一部分通过脑干网状结构的内脏运动核，引发植物性神经反应——恶心、呕吐
外侧纵束	外侧纵束（前庭脊髓束）将来自前庭神经核的信息经脊髓传导肌肉与骨骼—躯干的曲肌与下肢伸肌紧张——躯干前倾

本 体 系 统

一、本体系统与本体觉

（一）本体系统

本体系统是知觉动作基础发展的重要因素，主要接受来自本体刺激并进行本体功能反应的感觉系统，主要包括肌肉与关节内的本体感受器、传递本体讯息的神经路径系统、脑干以及其他相关大脑区域。

（二）本体觉

本体觉因产生的位置较深，在医学上被称为人体的深感觉，是指我们的身体在运动或静止时刺激到肌肉、肌腱、关节、韧带等处的深感受器所产生的感觉，如运动觉、位置觉、震动觉和平衡觉。

因为有了本体觉，我们可以不用低头也可以控制好腿的高度走上一层层楼梯，可以灵活地使用筷子和勺子将食物送进嘴里而不掉落在外面，可以清楚地感知到自己饿了、渴了、累了、困了……本体觉是位于大脑中我们身体的一个 GPS 导航系统，让我们对身体有一种精密的掌控力。

二、本体觉接收器

本体觉接受器指的是位于肌肉、肌腱、关节囊和韧带等运动器官处的感觉神经末梢等装置。能够感受肌肉压力和张力的变化，感受关节伸展程度，并将这些感受变化的刺激信号转化为神经冲动传入大脑皮质中的躯体运动中枢，从而调节骨骼肌的运动，使人感受到身体在空间的位置、姿势、运动等变化。

（一）肌梭

肌梭因其形状如梭，故名肌梭，是分布于骨骼肌中感受牵张刺激的本体感受器，分布于全身骨骼肌中，两端一般附着于肌腱或梭外肌纤维上。人体在四肢肌中的肌梭比躯干肌中多，尤其在手肌、足肌位置。每个肌梭上都有 2 个接收器，分别是初级（Ⅰ）传入纤维和次级（Ⅱ）传入纤维，它们分布在肌梭的中央，能决定肢体以及肢体在空间中的位置。当肌肉受牵拉或主动收缩时，梭内肌纤维的长度发生变化，梭内的感觉神经末梢均受刺激并将神经冲动传入中枢产生本体感觉。肌梭外形及结构如图4-9所示：

（二）腱梭

腱梭又称为高尔基腱器官，分布于肌腹与肌腱的连接处，其结构与肌梭相似，亦呈梭形。它是一种肌肉张力感受器，能感受肌肉张力的变化，避免被牵拉的肌肉受到损伤。肌梭和腱梭一起作为本体的反射感受器，对动物保持姿势和协调运动具有重要的作用。

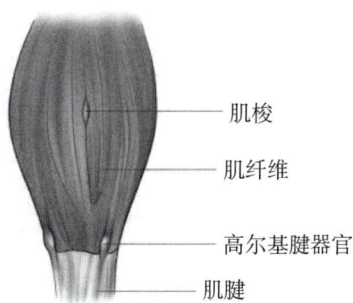

肌梭
肌纤维
高尔基腱器官
肌腱

图4-9 肌梭结构图

人在运动时，肌肉被牵拉或主动收缩与放松，均会对肌梭、腱梭构成刺激从而产生兴奋，兴奋冲动传到大脑皮质的运动感觉区，经过分析综合活动，能感知人体的空间位置、姿势以及身体各部位的运动情况。在机体的随意运动和反射活动的控制中，来自肌梭和腱梭的传入信息使运动动作协调一致，密切配合。

三、本体觉功能

（一）身体概念功能

身体概念反应个体对于其身体与肢体的位置与状态的理解程度。身体概念越好，个体对身体的认识越周详，越能有效率地使用并操作肢体，反之亦然。分节动作的表现是典型的身体概念表现。

本体觉所提供的讯息是非常重要的，孩子如在脑海中有一个良好的身体概念，可以清楚地分辨出身体各个部位与周围环境的相对位置，比如：在跑步时可以判断出自己快要撞上某个物体了，因此会给身体下达立即停止跑动或调转方向的指令，避免撞到物体上。在学习舞蹈中模仿各种动作的时候，良好的身体概念更是至关重要。

（二）内侧丘系功能（见表4-10）

表4-10 内侧丘系功能类型及作用

	功能类型	作用
1	时间性信号与探索性动作能力	让我们知道身体及身体动作的方向感、速度和大小，能在正确的时间点产生动作
2	刺激定位能力	让我们察觉身体或身体个别部位的相对位置和在空间中的位置

（续表）

功能类型		作用
3	动作预测能力	察觉肌肉使劲的大小，帮助我们决定使多大力气去抓握或者举起物体
4	躯体保护能力	感觉肌肉被拉扯的力量大小与速度，避免肌肉进一步受伤
5	选择性注意能力	通过本体刺激增加神经传导物质，促进幼儿在愉快情绪和身心平衡状态下提高注意力的能力，激发学习内驱力
6	降低警醒程度	本体觉是最重要的神经调节器，其抑制功能可以帮助削弱前庭觉和触觉的过度反应

本体觉活动包括提重的篮子、拉玩具箱、任何出力的活动或动作，这些活动过程中来自关节的挤压及拉伸均可使过度反应的神经系统正常化，从而减轻触觉过度反应和重力不安全感，并使神经系统维持在理想的警醒状态中。幼儿本体觉活动示例见图4-10：

图4-10　本体觉漫画插图

（三）压力缓解功能

本体刺激对于情绪张力有"归零"效果，如过高的情绪张力可以通过本体觉刺激降低焦虑，放松身心。而过低的松散情绪可以通过本体觉刺激提升中枢警醒度，增强身体活力。

幼儿面对日常生活的要求，面对幼儿园、学校学习的课程，面对随时可能发展的状况，都是压力。本体觉会提升副交感神经活性，借此对抗交感神经的压力状态，改善幼儿固有的想法和行为。它是具有弹性和有变化的思维方式，能够提升幼儿的抗压能力，减少忧虑、紧张及害怕的情绪，促进幼儿自我情绪调节能力的发展。

（四）动作计划功能

1. 形成运动能力

研究显示，运动中所消耗的能量以及所降低的身体机能在运动后一段时间内不仅恢复到原有水平，而且会超过原有水平，这种现象称为运动功能再获得。运动功能再获得的固有规律是：感觉输入（外力协助）——本体感觉输入（无外力协助）——运动模式标准固定——多次或超量标准重复运动——在大脑皮质建立运动功能区——运动功能再获得。

由此可以看出，如果没有本体觉的输入，儿童就不能具有运动功能再获得的功能。另外，儿童的手眼协调能力、身体双侧协调性等发展都依赖于本体觉，它对儿童的运动能力有着至关重要的作用，一切运动技能都建立在本体觉的基础上。

2. 发展动作计划能力

动作计划能力的主要发展基础是身体概念，顺序性是本体系统重要的发展功能之一。此外，前庭系统负责整合及执行，它与本体系统之间的关系十分亲密，因此前庭也是一种特殊的本体觉。

当儿童对自己的身体有了一定的概念时，就会发展出动作计划，比如没有玩过的新游戏，先会借助于过去的经验来组织、计划动作以适应新游戏。不过幼儿一般没有足够的经验来组织和计划，所以他们接触一个新游戏需要一个尝试过程，然后从简单的动作逐步过渡到复杂的动作。

四、本体觉神经传输通路

本体觉传导信息有两条神经通路为：①意识性本体觉传导通路——DCML（内侧丘系）。躯干和四肢意识性本体觉传导通路将本体觉冲动传至大脑皮质，产生意识性感觉。DCML 也传导皮肤的精细触觉，它若在不同部位（脊髓或脑干）损伤，则患者在闭眼时不能确定相应部位各关节的位置和运动方向，震动觉消失，同时精细触觉也丧失，比如无法判定两点间的距离或纹理的粗细等。②非意识性本体觉传导通路（脊髓小脑束）。非意识性本体觉传导通路实际上是反射通路的上行部分，为传入小脑的本体感觉，它不产生意识性感觉，只起到反射性调节躯干和四肢的肌张力和协调肌群运动，以维持身体的姿势和平衡，称为非意识性本体感觉神经通路。

五、本体觉形成与来源

（一）本体觉的形成

每个人出生时本体觉并不发达，需要在前庭系统和触觉系统都发展正常的情况下，本体觉才能顺利发展。所以，儿童后天的本体觉训练很关键。通常情况下，本体觉的形成从婴儿时期就开始了，这个时期婴儿的翻身、滚动、爬行都会培养其本体觉。家长应该多让幼儿自主活动，及早养成独自吃饭、洗漱、上厕所、做家务等好习惯，这对本体觉的形成很有好处。相反，如果幼儿花费过多的时间看电视、看书等则会阻碍其本体觉的形成。

（二）本体觉输入来源

1. 来自本体觉感受器

本体觉回馈主要是由肌梭、皮肤的机械力接收器、中枢所产生的动作命令等引起。关节接收器主要是在末端的部位作用，最重要的是预防过度伸直或弯曲，以避免肌腱韧带损伤。

2. 来自肌肉内部传递

本体觉信息的来源除了本体觉感受器以外，还有来自肌肉内部间的传递。也就是说动作讯号的内部连接也会在动作计划后传送到肌肉。如当大脑动作计划好后，会从大脑产生一个内在的且与动作计划相关的动作讯号，经特定的神经信息传送至肌肉群，这种讯号刺激叫"冠状放电"（前馈），它能让幼儿分辨是主动产生动作还是经由外在刺激产生动作，它也是重要的本体觉来源之一（如打球和接球的过程中就同时需要依赖前馈和后馈），前馈功能如表4-11所示：

表4-11 冠状放电的重要性（前馈）

序号	功能
1	前馈能区别主动与被动动作的差异
2	前馈与指认动作活动的计划适切程度有关
3	前馈与身体基膜的发展状况有关
4	前馈与对于使力的知觉认识有关

六、本体觉其他说明

（一）本体觉与前庭觉的关系

前庭是一种特殊的本体觉。前庭好比身体内在的参考点，本体觉与视觉是身体外部的参考点，它们不断提供大脑外部环境的参考信息，这三种系统会共同作用，从而影响儿童对主动性动作的察觉、身体概念的建立、平衡感发育与应用。当身体的内外参考点发生冲突时，就会出现失衡的情况，例如：晕车就是因为前庭与视觉、本体觉之间的不协调导致。

（二）本体觉与触觉的区别

触觉是指外部刺激到皮肤的部位及刺激位置的改变，它提供给个体外部环境的资讯，而本体觉是指个体本身的动作及位置而产生的知觉，它提供给我们身体内部资讯。

（三）本体觉与本体觉接收器的区别

本体觉是指身体及动作的知觉，而本体觉接收器是指本体回馈，包括前馈和后馈。前馈是指依靠已有经验产生动作，后馈是指实时操作过程中的动作调节。

人体的主动动作需依靠前馈＋后馈，而被动动作更多依赖的是后馈。前馈和后馈在我们动作计划和执行过程中都扮演着重要角色，缺一不可。以神经系统对骨骼肌任意活动的控制为例，如果只有后馈控制而没有前馈控制，则肌肉活动时可出现震颤，动作不能快速、准确、协调地完成。

知识拓展

儿童本体觉失调会怎样？

1. 调制、缓和问题：踮脚尖走路、拿东西力道过强或过弱；容易疲惫；容易焦虑。

2. 辨别问题：闭眼两手动作无法一致、身体姿势不良、无法两手同时做依序对指动作、容易受伤或被障碍物绊倒。

3. 运用、应用问题：模仿动作不良、动作学习缓慢、动作笨拙不灵巧、W形坐姿、无法掌握用力的大小、无法发展出动作计划。

在线练习

课后测试

知 识 巩 固

一、单项选择题

1. 触觉系统是人类最早发展（　　　　）、分布最广泛，影响最大的感觉系统。

　　A. 5 周左右　　　　　　　　B. 5.5 周左右　　　　　　　　C. 9 周左右

2. 椭圆囊感受（　　　）的头部运动。

　　A. 水平面　　　　　　　　B. 垂直面　　　　　　　　C. 上下

3. 意识性本体感觉传导通路和触觉传导通路相同，都是（　　　）。

　　A. DCML　　　　　　　　B. AL　　　　　　　　C. 前庭小脑

二、判断题（正确打√，错误打 ×）

1. 触觉刺激活动还会影响人们的情绪反应，快速轻柔地触碰皮肤会降低人们的警觉性，而缓慢较重地触压皮肤可以使人保持振奋，情绪稳定。　　　　（　　　）

2. 前庭觉是一种特殊的本体觉。　　　　　　　　　　　　　　　　（　　　）

3. 关节位置的静态感知能力、关节运动的动态感知能力主要反映本体觉的传出活动能力。　　　　　　　　　　　　　　　　　　　　　　　　（　　　）

三、简答题

1. 皮肤表面的四种机械感受器有哪些？分别有哪些功能？

2. 简要介绍本体觉的功能有哪些。

四、论述题

你是否同意"前庭觉的成熟与否和平衡感关系密切"这一观点。请说出你的答案并阐述理由。

课后拓展

创新任务单

班级：　　　　　　　姓名：　　　　　　　学号：

学生课后拓展任务：

　　扫码观看课后拓展学习资料，尝试总结视觉系统的功能。

学习后的收获与感想：

学生存在的困惑：

拓展学习：

文档

视听嗅味
系统

教师评价：

感觉统合失调类型与干预方式

模块导图

感觉统合失调类型与干预方式

- 任务一 感觉处理与调节异常
- 任务二 感觉区辨不良
- 任务三 运用能力障碍

模块寄语

瑞士著名儿童心理学家及教育学家皮亚杰认为："智慧的根源，是来自婴幼儿期的感觉及运动发展。让幼儿在环境中获得充分的探索和操作机会，使神经、肌肉及骨骼均获得正常的发展，才能形成开朗的个性、稳定的情绪及适当的行为，日后进入学校，才能顺利地适应团体生活和学习。"如果0～6岁幼儿的感觉及运动发展无法得到充分满足，将很可能会面临感统失调的困扰，从而影响幼儿身心健康发展。

本模块主要通过介绍感觉处理与调节、感觉区辨以及运用能力三大维度失调的特点及干预训练方式，为预防和干预学前儿童感统失调提供科学指导。

学习目标

1. 知：了解感觉处理与调节、感觉区辨以及运用能力的概念及特点，解释儿童感觉统合失调类型和所对应的儿童行为表现，阐述不同类型感统失调的干预训练方针。

2. 行：能在教育实践中依据儿童行为表现分析幼儿感觉统合失调的类型。

3. 意：认同感觉统合训练对学前儿童身心健康发展的价值，有责任心、耐心，愿意在教育实践中尊重与关爱幼儿，促进幼儿全面发展。

课前预习

任务一：观看课前案例导入，带着问题预习感觉处理与调节异常类型，小组思考与讨论案例中的豆豆有可能存在哪些方面的感觉处理与调节异常问题。

任务二：观看课前导入案例，思考案例中的欣欣有可能存在什么感觉区辨的问题。

任务三：小组讨论运用能力不良与感觉区辨不良有什么不同，并进行课中翻转课堂准备。

任务一　感觉处理与调节异常

案例导入

　　豆豆38个月，当他人触摸豆豆嘴唇周围时，他会有呕吐、躲避、苦恼等拒绝被碰触的反应；在家中抗拒刷牙、洗脸、洗头；喜欢吃土豆泥、面条、鸡蛋和豆腐等软口感的食物，不爱说话；此外豆豆有个让妈妈头疼的问题，就是特别喜欢推人，妈妈批评过很多次，似乎没有效果，他总是笑嘻嘻地跑过去推一下就又跑开了。

一、触觉系统感觉处理与调节异常

（一）触觉防御

　　触觉系统感觉处理与调节异常主要体现为"触觉防御"。目前有关触觉防御的假设均认为是行为抑制系统的功能不全所导致，没有正确调节感觉的输入，也没有办法产生正确的适应反应。指导师可以通过深压觉、本体觉、前庭觉来降低警醒度。

（二）触觉防御的症状（见表5-1）

表5-1　触觉防御的症状及表现

逃避身体接触与碰撞	
1	不愿意碰触某种特定的事物（对衣物的材质、布料很挑剔）
2	不喜欢排队和拥挤，常站在队伍外面或最后
3	不喜欢被人接触、拥抱，对非预期的接触十分反感、排斥
4	逃避需要身体主动接触的活动（如沙池、球池、玩水等）
5	喜欢独自玩耍，不喜欢别人从后方出现
6	讨厌理发、剪指甲、洗发、手指画、玩黏土等触觉刺激较大的活动
7	对各种类型的触觉刺激有过度的情绪反应，情绪波动大，人际关系差

高警醒度——容易分心、多动	
1	喜欢到处摸摸、玩玩、捏捏，小动作比一般幼儿多
2	容易对环境中的刺激产生行为反应，大部分幼儿能专注做的事情，他做不了
攻击性行为	
1	喜欢搞破坏、推人，享受把对方推倒的感觉
2	对正常身体上的碰触产生过激的反应，从而产生攻击行为

（三）触觉防御干预训练（见表5-2）

表5-2　触觉防御的三种干预训练方针

提供加强深压觉和本体觉的活动	
深压觉	本体觉
身体（肢体）周围裹绷带	推、拉重物
大龙球挤压，手脚震动刺激	跳蹦床
穿重的背心、背包、帽子开展游戏	吸管吸有阻力的东西，咀嚼类
主动进行三明治游戏、包饺子游戏	中空滚筒翻滚运物
	手印画、手工
结合触觉进行辅助	
海洋球池（海洋球、积木、玩偶）	
沙滩、米缸、豆子寻宝	
各类触感物品，如被子、枕头、水盆、泡泡等	
草地、沙滩、泳池（以手膝爬、匍匐爬、仰面爬等方式与环境接触，并完成调整）	
基于本体觉非感觉为主的辅助干预	
1. 吮吸、吞咽、呼吸 （1）吸管/细小管吸有阻力的东西 （2）吹气（吹肥皂泡、吹气球、吹丝巾） （3）咬、咀嚼、舔	2. 环境治疗（个案） （1）创造安静环境，建立信任关系 （2）顺势进行触压、本体活动，依幼儿发展兴趣

二、前庭-本体系统感觉处理与调节障碍

（一）前庭系统感觉调节不良（见表5-3）

表5-3　前庭系统感觉调节不良的两种主要类型

重力不安	
行为表现	在并不危险的姿势、空间状态下出现害怕不安的情绪反应。个体害怕地心引力所造成的感觉，对头部或身体姿势改变而恐惧。害怕双脚离开地面的活动，如：坐电梯、走平衡木、荡秋千等
问题原因	1. 重力不安是因耳石对重力感觉调节不佳导致，有这样调节障碍的儿童会误判头部动作，或是在辨别系统中无法辨识出这样的感觉输入资讯 2. 根据艾尔斯博士的观点，本体觉处理不佳会导致出现重力不安，因为本体觉负责调节前庭觉
过度反应（动作厌恶）	
行为表现	个体做某些动作和活动会产生眩晕、呕吐、冒冷汗等症状
问题原因	1. 三对半规管感觉调节能力不佳会导致眩晕、呕吐，如晕车就是因个体没有处理好视觉、前庭觉及本体觉之间的冲突 2. 可能与内耳的耳石器有关，造成交感神经功能低下及副交感神经的活化
备注	厌恶反应不一定在活动后就会出现，如有些儿童在进行前庭刺激之后的几个小时出现负面反应。尤其是自闭症儿童，因他们对来自半规管的前庭讯息（与旋转、加减速度有关）过度敏感，或是无法解决前庭-本体-视觉讯息间的冲突，导致害怕参与大部分的动作

（二）前庭系统感觉调节不佳的干预（见表5-4）

表5-4　针对不同类型前庭系统感觉调节不佳的训练方针

改善重力不安的干预训练	
1	走上斜坡、下斜坡（幼儿）
2	小蹦床、垫子、球、秋千
3	横抱筒，前后摇摆掷物
4	攀爬楼梯取物品（玩偶、黏土等幼儿感兴趣的物品）
5	摇摆大龙球

（续表）

改善重力不安的干预训练	
6	小滑板（平地坐立移动→斜坡坐立滑行→俯趴平地滑行→俯趴斜坡滑行）
7	平衡木（从低到高；从单一行走到复合任务，如拿物行走、桥上钓鱼等）
8	高空投掷、高空抛物

备注：对于无法忍受秋千和移动的个案可以使用青蛙秋千、四方台秋千、平台滑轨、滚筒秋千、双秋千、滑板车

改善动作厌恶的干预训练	
1	滑板拉绳取物（坐立于滑板，双手拉动绳子在移动过程中抓取重物）
2	T形秋千（可各个方向移动的）
3	吊环滑行（双腿夹住东西）
4	推动重物行走（如滚筒、球、箱子等）
5	小滑板爬行（绕障碍物到负重爬行）
6	竖抱筒，方形秋千（自己摇晃，被动摇晃过程中数球、捡物、投掷等）
7	趴地推球

备注：对于存在动作厌恶困扰的儿童可以提供前庭（直线运动——耳石）刺激和本体（有阻力的主动运动）刺激的活动

（三）前庭-本体系统感觉处理不佳的干预（见表5-5）

表5-5　改善前庭-本体系统感觉处理不佳的干预训练

1	提供刺激半规管的活动以增强维持身体平衡反应的动作调节能力，促进平衡能力发展
2	提供刺激球囊的垂直方向的运动以加强对身体重力的感知，促进情绪的调节
3	提供刺激椭圆囊的水平面活动以增强肌张力与肌耐力（前后、左右），促进姿势的运用
4	提供需要调整姿势再进行动作的游戏，以增强背景辅助性连接动作，促进姿势运用及自信心

（四）前庭、本体系统感觉处理不佳（见表 5-6）

表 5-6　前庭-本体系统感觉处理不佳的四种主要类型

平衡感不佳	
失调类型	具体行为表现
近端关节稳定度不佳	头颈（视觉稳定度不佳）、肩膀（写字摇晃）、胯部（下蹲易摔倒）
保护性伸展动作不佳	跌倒时不能及时或不知道伸手保护（背后测试）
背景辅助连接动作不佳	跳远前不知该如何准备发力，导致原地来回甩手很久依然犹豫不决；投篮前身体姿势不知如何转换力量，显得动作笨拙等
姿势控制与运用不佳	
失调类型	具体行为表现
躯干伸张性不佳	站姿直立性不佳，看起来总是懒洋洋
肌张力不佳	对抗地心引力的能力不够，从而导致无法完成需要头颈及腰腹力量对抗地心引力的活动，如做小飞机姿势时，手和腿无法同时抬起
肌耐力不佳	需要肌肉控制力量的活动坚持不了多久就觉得累
空间感不佳	
失调类型	具体行为表现
建构能力不佳	搭积木、拼贴卡片、折纸、书写能力弱
空间方位感不佳	认路、引路能力弱，看不懂路标指示牌
情绪、行为不佳	
失调类型	具体行为表现
情绪不佳	爱发脾气，难以控制情绪，很消极，对身边人漠不关心
行为不佳	难以集中注意力，坐立不安，不合时宜地自言自语，拒绝交朋友

备注：适当的前庭刺激会通过网状系统传送到边缘系统从而产生适当的情绪，游乐场的过山车之所以那么刺激，令人惊恐、害怕，但还是有很多人不厌其烦地反复体验，就是因为前庭刺激带来的愉悦感让人难以抗拒

缺乏自信、过度摇晃	
失调类型	具体行为表现
缺乏自信	喜欢独处，拒绝接受邀请参加活动
身体过度摇晃	动作多、夸张、不停地重复或来回摇晃

备注：一些智力障碍或前庭－本体感觉系统调节障碍的儿童会出现焦虑、不自信的情况；缺乏前庭－本体刺激输入的儿童会出现身体过度摇晃。

三、其他感觉系统处理与调节障碍

（一）其他感觉防御现象（见表5-7）

在生活中，总是有部分幼儿出现对某种噪声、视觉刺激、嗅觉或味觉产生过度反应，如挑食、不喜欢某种气味、受不了某种声音等等。

有的幼儿在社会交往中容易情绪失控，会出现逃避、恐惧、反抗等行为。

表5-7 逃避、恐惧、反抗对应的儿童行为

逃避	如幼儿因讨厌被盯着看从而推倒东西或增加活动量，有的幼儿会以搞笑、捣乱分散他人注意力
恐惧	有的幼儿不愿尝试新事物，有的幼儿喜欢哭泣、抱怨、紧贴不放，喜欢说"我不喜欢，我不行"
反抗	有的幼儿表现出愤怒的情绪，对人发脾气或做出侵害性动作，喜欢说"我不要，我不做"

（二）感觉系统反应不足

感觉刺激好比大脑的食物，正常的幼儿吃到一定量就有饱腹感了，而有些幼儿不论吃多少都吃不饱，这类幼儿可能是感觉系统感应不足，它与前庭－本体系统过度反应刚好相反。主要表现为：①无反应，大脑处于低警醒度状态，即使提供高强度刺激，依然表现为对刺激无反应；②处于忽略感觉状态，并不是没感觉，而是因感觉防御从而远离某种感觉刺激。

美国学者邓恩（Dunn）研究的感觉刺激处理模式如表5-8所示：

表5-8 邓恩（1997，2001）感觉刺激处理模式[1]

感觉反应 / 调节模式		
值 / 反应度	被动	主动
高	感觉登陆较差	寻求感觉刺激的行为
	幼儿感觉阈值高，需要大量感觉刺激才能引发他的反应	幼儿有较高感觉值，主动寻求大量感觉刺激
低	感觉系统过度敏感	避免感觉刺激行为
	幼儿的感觉阈值低，对轻微刺激产生过度的反应	幼儿的感觉阈值低，对轻微刺激主动产生逃避反应

　　通过分析邓恩的感觉处理模式，可以想象感觉系统是多么复杂的一个工程。每一个幼儿都是独一无二的个体，他们的成长环境也存在着较大差异，对于感觉阈值高的幼儿或是阈值低的幼儿，不能从单一的角度来猜测或评价他们的行为，还需要考虑幼儿是属于被动型还是主动型，才能更好地理解因感觉阈值的不同导致不同类型幼儿产生的不同行为。

知识拓展

　　感统失调很少是因为感觉器官功能障碍，而是在于刺激的重要性选择、区分，感知印象的正确归类和已有经验的关联以及在中枢神经处理系统中的融合出现了问题。引发幼儿感统失调的原因有很多，主要可归纳为两部分：第一部分是器质性原因（如产前、产中、产后发生的母亲感染、胎儿缺氧、胎位异常或功能疾病等）导致幼儿大脑受损，这部分幼儿多为残障儿童；第二部分是环境原因（如家庭教养方式、教育理念的偏差以及城市现代化、家庭小型化等社会环境的制约）导致幼儿静坐过多，运动太少，过度保护，感觉刺激无法全面均衡。不论是什么原因导致特殊儿童出现感统障碍还是正常儿童出现感统失调，作为感统训练师、幼儿教师或家长，都需要全面系统地学习感觉统合失调类型与干预方案，才能更好地帮助幼儿预防感统失调和治疗感统失调。

---

[1] Dunn. W. W. (1999). Sensory P: User's manual. SanAntonio, TXPsychological Corporation.

课中加油站

想一想

　　跳跳，42个月，是个精力旺盛的男孩，特别大胆，经常在游乐场玩旋转木马，很久都不下来，还很喜欢玩很刺激的滑滑梯，每当从滑滑梯滑下来时会特别兴奋地大叫，然后亢奋地说"我还要，我还要"。但跳跳不喜欢跟奶奶跳广场舞，每当晚饭后奶奶想带跳跳去文化广场跳舞时，跳跳怎么拉都拉不动，一屁股赖地上不肯起来。平日里跳跳还是个闯祸大王，开心的时候总喜欢兴奋地疯跑，不是碰倒其他小朋友的玩具，就是撞到空间中的物品，是个调皮的小破坏王。

任务二　感觉区辨不良

案例导入

　　某托育中心葡萄班的欣欣小朋友 30 个月了，在精细动作方面较其他小朋友要弱。她很喜欢盯着一个东西看，但看很久也不会操作，总是推倒再扶起、推倒再扶起，然后就转身去寻找其他的玩具了。玩神秘袋游戏时也无法摸出与老师指令相符的玩具。该班老师意识到欣欣认知能力发展较迟缓，但不知道该如何具体帮助欣欣，也较少在班级活动中与欣欣有特别的互动。

一、感觉区辨

　　感觉区辨是指个体对两种或两种以上感觉刺激进行差异度感知与分析，并做出不同反应的过程。它是身体概念的基础，对运用能力的形成有着重要作用。感觉区辨不佳会影响幼儿对触觉、动作、身体的空间位置或时间性质的理解。

二、感觉区辨不良的行为表现

（一）触觉区辨不良

　　触觉区辨是运用能力的基础，当我们不依靠视觉，需要靠手部的触觉和本体觉对物品进行空间和时间的分析时，就需要有精准的触觉区辨能力。而触觉区辨不良的幼儿，无法通过手部触摸以辨认出物品。有些幼儿会通过视觉和语言来提示自己，例如不断自言自语。但这会让他看起来和其他小朋友不一样，影响其社会性发展。

（二）前庭、本体系统感觉区辨不良（见表 5-9）

表 5-9　前庭、本体系统感觉区辨不良的类型及儿童行为表现

类型	儿童行为表现
身体概念弱	来自前庭系统的感觉区辨不良会使幼儿对头部在空间中的定位出现问题，无法判断头部的位置，或无法清楚感知身体部位在空间中的位置，导致动作困难或动作错误

（续表）

类型	儿童行为表现
眼球震颤时间短	来自前庭半规管的感觉区辨不良会出现旋转后眼球震颤时间缩短
动作品质弱	来自本体觉接收器的感觉区辨不良会在身体部位的相对位置和动作上出现问题。伸直肌群低肌张力、姿势稳定度不佳、平衡反应不足、小飞机趴姿伸展困难，还会在判断用力大小上存在困难
过度寻求感觉刺激	前庭－本体"反应过低"的幼儿对刺激没反应但渴望刺激，因而会出现过度寻求刺激的情况。因为他们的感觉区辨能力弱，无法判断是否获得足够的刺激、是否应停止，所以会一直保持运动刺激

（三）多重感觉区辨不良

在现实生活中，有些幼儿会同时伴有前庭－本体感觉处理与调节不良和前庭－本体感觉区辨不良的双重问题，比如幼儿既出现了感觉处理与调节不佳引发的重力不安，也伴有前庭感觉区辨不良引起的旋转眼颤时间过短。然而，感觉处理调节不良与感觉区辨不良这两者很难分辨，特别对于低警醒度的幼儿，因为感觉寻求很难做解释。如同样是追求某种感觉，A 可能是为了增进感觉区辨和身体概念能力，B 可能是为了调节警醒度。

面对多重感觉区辨不良的情况，感统训练师应在同一时段内先提供给幼儿具有强烈感觉刺激的活动，然后再做缓和型的活动，否则他们可能会变得更加过动，从而使他们的行为更糟糕。如有些幼儿渴望非常强，导致在参与缓和活动时爆发出激动的行为，他们会以到处跑来维持警醒度，而当缓和活动威胁到他们的警醒度时，他们可能会通过提高活动的强度来代偿。

三、触觉区辨不良的干预与治疗（见表 5-10）

表 5-10　改善触觉区辨不良的干预方式

干预原理	强化触觉刺激以提高触觉区辨能力
干预原则	从接受刺激，到给予视觉辅助，最后过渡到只依靠触觉进行训练
干预方式	1. 提供不同材质触觉刷、皮肤摩擦的触觉刺激
	2. 利用振动器提供触觉刺激
	3. 提供身体埋于球池、泳池、豆米、重垫、混合物下的训练
	4. 开展蒙眼触摸类游戏（从不同物品的识别→形状类似不同材质物品的识别→不同形状、不同材质、不同类别物品的识别）
	5. 触摸配对游戏（视觉辅助下不同材质的物品与对应触感卡片配对→无视觉辅助下不同材质物品与对应触感卡片配对）

（续表）

干预方式	6. 提供大力士→深压觉类型的训练（如掰手腕、三明治等）
	7. 沙石游戏（包含黏土游戏）
	8. 与水相关的游戏（包含泡泡游戏、泳池游戏，前提是保证安全）
	9. 捞物游戏（在盒子里装满不同材质玩具，让幼儿完成任务）

四、前庭－本体感觉调节与区辨不良的综合干预

（一）前庭－本体系统综合干预（见表5-11）

表5-11　前庭－本体系统综合干预原理与训练方针

干预原理	提供增强前庭、本体觉的刺激，改善前庭－本体系统感觉处理与分辨问题
训练方针	1. 加强均匀、慢速直线运动活动——坐、趴（耳石）
	2. 加强对抗重力、阻力的活动，以及深压觉，增进主体动作（如秋千、滑板车、蹦床、挤压按摩等）
	3. 加强重心移动、身体翻正、平衡反应的训练
	4. 提供眼球追视类活动

（二）本体综合干预（见表5-12）

表5-12　本体系统综合干预训练的两种类型

本体——进行姿势与控制训练	
加强张力姿势性伸展（对抗重力）	加强直线运动活动（水平＋垂直面）
	增进本体觉，加强抵抗重力、阻力的活动
	趴荡青蛙秋千
	手肘撑地做趴姿运动
加强张力姿势性伸展（对抗重力）	手肘趴地做重心转移活动（可通过伸直手臂承重增加难度） 如：趴滚筒上伸直手向前走，将物品放桌子上／网中篮球
备注：对于总是懒洋洋、站不直、伸不直的幼儿（一开始不要全身伸展，可提供刺激颈部和上背部稳定的活动）	

（续表）

本体——屈曲张力训练	
提供使姿势变为屈曲或维持屈曲姿势的阻力性活动	仰躺在有斜度的垫子上，抬头吹泡泡
	仰躺在地垫上，踢球、接球
	各种垂直悬吊类型的刺激
	仰躺在滑板上，拉绳前进
备注：屈曲张力训练的方式包含但不仅限于此表描述方式	

（三）前庭综合干预训练方式（见表5-13）

表5-13 前庭综合干预——重心移动、平衡反应训练

伸展、屈曲同时叠加	在中空滚筒内通过身体的翻转移动滚筒（压马路）
	坐在秋千里，在摇晃中伸手捡地上的沙包，坐起再将沙包丢向特定物品（屈曲—重心转移—伸张）
	拉住吊环，从台阶跳向圆柱，再转身原路回来（使身体转换重心）
备注：伸展与屈曲练习同时叠加是为了增加外侧屈伸和重心移动能力	
翻正、平衡反应训练	利用不同姿势（坐、小狗趴、跪、站）搭配任何具有移动性的设备或包含伸手取物的活动，引起微小改变
	走过河石、平衡步道等相关脚离开地面的高空间活动
备注：翻正、平衡反应的训练重在引导幼儿自发产生微小的动作调整	
眼球动作控制训练	眼球平顺移动训练
	眼球快速定位训练
	眼球随机追视训练 如朝一个不停移动的目标扔小球、射击等
备注：眼球动作控制训练重在加强幼儿的视觉追视、聚焦、定位能力	

（四）前庭＋本体综合干预训练（见表5-14）

表5-14 无反应（被动型）或反应过低（主动型）的训练

1	蹦床（单一跳、运动跳、弹跳取物）
2	羊角球

（续表）

3	投物（距离从近到远，物品从大到小，可投篮筐、桌子、轮胎、桶子等）
4	抓人游戏（绝地求生）
5	各类秋千提供垂直刺激
6	高空拔河（绳子系腰间，幼儿面对面站在软体上，进行力量对抗）
7	横抱筒游戏（上趴抱或下仰抱）
8	竖抱筒游戏（抱坐，在摇摆过程中抓移动的物品或推倒固定物品等）

课中加油站

案例分析

　　4岁半的乐乐是某幼儿园中班新来的幼儿，主班桃子老师发现乐乐的性格有点古怪，通过一周的相处，桃子老师发现乐乐的手工能力比一般的幼儿差，表现为画的线条非常不均匀、构图不完整，使用剪刀的时候喜欢大开大合地剪，动作看起来比较笨拙。在户外体操时段，乐乐特别兴奋，动作比其他幼儿要用力夸张很多，不停地重复踩脚和摆动一只手臂。

任务三　运用能力障碍

运用能力主要是指幼儿可以计划并按顺序完成新动作的能力，它包含某一活动从整体构思到行动，再到结束的全过程。因感统失调造成的运用能力障碍最主要的表现为动作计划能力不足。运用能力障碍类型有很多种，在本任务中，主要针对两侧协调与顺序性动作障碍和体觉运用能力障碍进行说明，其他类型的运用能力障碍将融合在模块六、七实操训练部分进行渗透。运用能力障碍类型见表 5-15：

表 5-15　运用能力障碍类型

两侧协调与顺序性动作障碍	姿势与运用能力障碍
体觉运用能力障碍	建构性运用能力障碍
口语指令运用能力障碍	口腔动作运用能力障碍
视觉运用能力障碍	

一、运用能力的三个过程

（一）动作概念形成

动作概念的形成是皮质功能的一种，可以理解为"我知道我要怎么做"。有关新皮质与脑叶结构的科学研究可判定前额叶与动作概念的形成有着紧密联系，如：计划目标、想象或执行复杂的、有目的性的顺序性动作。部分有概念构成困难的幼儿可能会去探索物品，他们看起来很想知道这个物品是做什么的，也想去操控这个物品，但却不太会去把玩它，主要体现在操作物品的技能有限。

举个丢球的例子，这些事情对于部分动作概念不足的幼儿来说，似乎太新奇以至于不知道该怎么去丢。他们只是重复地把东西拿起来再放下或是花很长时间去观察和模仿别人的游戏。

（二）动作计划

动作计划也被称为"动作企划"，指的是能将动作计划中的"整体思路"转化为"具体步骤"。整体思路可理解为活动目标（我想画画），而具体步骤是实际的做法（找到装画笔套装的柜子→踮起脚尖→左手撑住桌面，右手伸长够到柜门的扶手→打开柜门→拿开压在画笔上的文具盒→取出画笔→关上柜门），也就是幼儿知道该怎么做，并且会选择合适的肌肉群，以适应外部环境的要求。

额叶的前运动区以及额叶补充辅助运动区在动作计划上扮演着重要角色。这些区域负责将动作策略翻译成"实际该怎么动"或"选择适当的动作"。额叶补充区依赖本体觉，同时也对了解两侧整合与顺序问题有很大帮助。此外，本体觉和顶叶也会对动作计划产生一定影响。

总体而言，有动作计划困难的幼儿，在进行多步骤或需要多个部位配合的活动时会出现问题。例如花过多时间在准备动作的发生，动作常是断断续续的。此外，动作会出现很多错误且不会修正，以后也可能会犯同样错误；不太会随着环境的变化去调整动作，例如：接球时不管球往哪一个方向飞来，都站在同一位置接球或者无法提前指挥腿部去往球可能会去的方向，身体空间移动的速度赶不上球实际飞来的速度，从而接不到球。

（三）动作执行

动作计划的最后阶段就是执行，与执行动作有关的大脑部位有：大脑动作皮质、小脑、基底核。

1. 大脑动作皮质

大脑动作皮质会经由大脑—脊髓路径传输神经冲动到本体系统，本体系统就会按照大脑皮质发出的命令产生动作。与此同时，肌肉、骨骼、关节、皮肤以及大脑其他结构会不断传输信息到大脑动作皮质，告知动作的速度及方向，还有身体与环境相对的空间位置等信息。

2. 小脑

小脑和动作控制无直接关联，但和动作回馈之间的整合有关，能不断提供回馈给大脑皮质以"调整"姿势，让身体动作更精准，也能在动作进行时控制姿势。此外，小脑也与动作学习有关，重复性地练习同一个动作时，小脑会将这些动作转化成下意识的反射动作。

3. 基底核

基底核在动作开始时被活化，且在动作进行时会一直保持活动，与完成顺序性动作最有关。此外，基底核也会接收来自边缘系统（和情绪掌控有关）的信息，因此可能影响到幼儿完成动作的动机和情绪。

需要说明的是执行能力有问题的幼儿，会出现发生动作的时间点不对（早了或晚了）、协调性差或容易疲倦的状况，很难将学习的动作自动化。此外，在感觉上比较敏感，容易受伤害，不能接受非预期的改变或坚持用自己的方式进行活动。

二、运用能力与身体地图

艾尔斯博士认为身体形象与幼儿的运用能力息息相关。幼儿可将来自身体的感觉讯息输入大脑，形成一个清楚的身体基模，也称为"身体地图"（body map），由前庭、本体、触觉共同建立起来的。

幼儿的大脑可以根据身体地图在空间中的移动熟练地使用身体。在这个过程中，使用身体特定部位去开展特定动作的记忆会不断储存在大脑中，越来越丰富的感觉动作经验会让身体地图更加精准、完整。因此，大脑在计划动作的时候，会参考这份地图，就像我们使用的 GPS 导航一样，GPS 越精准，我们越能快速熟悉陌生的地方。

幼儿的身体地图越精准，就越能够完成新的、不熟悉的动作。身体地图不仅告诉我们身体的位置和动作，还包括和身体部位有关的信息，例如身体部位和空间的关系、物体特性、重力，以及用力的大小。因此身体地图发展不佳的幼儿，身体就像迷失在荒野中，不知该往哪儿走，该怎样走。良好的感觉统合能力可以让幼儿自然而然地使用身体地图，自动化地去完成很多活动，这会让幼儿在日常生活中和学习上更有效率。因此，不要小看婴幼儿胡乱飞舞的四肢，其实那个阶段丰富的本体觉信息的输入是在帮助幼儿建构身体地图，这是一件看似平凡但却很神奇的事情。

三、运用能力障碍类型（见表 5-16）

表 5-16　运用能力的两种主要障碍类型

一、双侧整合及顺序性障碍	
行为表现	两侧协调及预期的前馈控制动作不佳
前馈：发生在动作之前，主要负责预期的动作，例如踮起脚尖，将手举高一点比较容易够到不远处的苹果	
问题原因	一般与前庭、本体过程缺失有关
二、体觉运用能力障碍	
行为表现	对于依赖前馈控制和事后回馈的工作都有困难
回馈：当幼儿第一次有所指地叫爸爸妈妈时，父母给予的热烈掌声和惊叹的表情，让他体验到成功的经验——这是利用活动完成之后产生的正向感觉回馈。拧瓶盖的时候，通过源源不断的感觉回馈，调整采用不同的姿势、角度和力量去拧瓶盖，修正自己的动作，直到把瓶盖拧开	

（续表）

问题原因	和多重感觉过程有关

备注：体觉运用能力障碍出现的症状和双侧协调与顺序性动作障碍的表象比较相似，但情况更严重。许多因脑区损伤所致的唐氏宝宝、自闭症儿童有体觉运用能力障碍，从而导致他们无法进行生活中简单的动作活动。学会生活的自理技巧，简单地组合、拆卸东西对他们来说很困难（如将笔盖打开、合上）

四、两侧整合及顺序性障碍及治疗

因感统问题而造成的运用能力障碍最主要体现为幼儿的动作计划能力不足，具体表现为对于依赖前馈控制（已有经验，预测性动作）或事后回馈（新动作）的工作有困难。两侧整合及顺序性障碍一般与前庭、本体过程缺失有关。而顺序性双侧动作在生活中最典型的表现为可以一手为主，另一手为辅助地在任何空间操作物品，在婴幼儿动作发展过程中精细动作的练习就与两侧整合和顺序性动作的能力息息相关。对于幼儿来说，发展出两手在身体中线的力量和技巧非常重要，只有这个基础打好了，将来才能学会写字、绘画、舞蹈、折纸、复杂手工等等。

（一）身体双侧协调性动作训练（见表5-17）

表5-17　身体双侧协调性动作训练

分离的顺序性两侧动作训练	身体两侧某部位或多个部位先后做同样的且分步骤的动作，如：小脚跟随
对称的顺序性两侧动作训练	身体两侧某部位或多个部位同时做同样的且分步骤进行的动作，如：双脚夹放小球
同侧性动作训练（对称）	第一阶：同侧性的单侧动作
	手或腿进行同侧的单侧动作，如： 1. 同边走路 2. 右手和右脚同时横向开合 3. 踩高跷
	第二阶：同侧性的双侧动作
	手或腿进行同侧的双侧动作，如： 1. 趴秋千上，训练师前后推，双手握住两旁绳子 2. 趴秋千上，伸手拉远处的训练师手中的呼啦圈等，拉近后再松手荡

对侧性双侧动作训练（不对称）	第一阶：单一部位的对侧性双侧动作
	手或腿进行对侧性双侧动作，如： 1. 侧坐于滑翔秋千上，横向左右移动，一手弯曲，一手伸直 2. 卧绳，自己用手臂交替屈直以左右推动秋千
	第二阶：手脚并用的对侧性双侧动作
	1. 纵向的前后对侧剪刀跳（跑步姿势前后摆臂切换） 2. 左手右脚同时爬行
双侧性动作训练（对称）	双手或双腿同时进行对称的双侧动作练习，如： 1. 开合跳 2. 韵律操

（二）跨越身体中线的动作训练（见表5-18）

表5-18　跨越身体中线的动作训练

如从身体一侧捡起物品，然后用成熟的姿势丢出或者踢出
射击、揪尾巴等游戏也可以自然引发身体的旋转和重心转移，因此跨越身体中线的活动应融合在生活中自然进行
在竖抱桶旋转移动的过程中投物，从而引发跨越身体中线姿势动作的产生
有氧操，通过双手交叉拍打身体的不同部位完成跨越身体中线的动作
左右手运送篮球、身后绕球等
说明：跨越身体中线是两侧协调很重要的一部分，经常伴随着重心转移和身体躯干的旋转。这是幼儿有效率地做出不同类型动作的重要基础

（三）顺序性动作计划能力训练

在开展感统训练之前，感统训练师都需要对幼儿的发育情况进行综合测评，这样才能更全面、精准地掌握幼儿的情况。顺序性动作计划有一系列测试方法可以帮助指导师、幼儿教师及家长更好地了解幼儿的能力：①观察幼儿均衡调节肢体动作的力道（如观察幼儿握铅笔写字）；②观察幼儿自发性地控制肢体的动作与姿势；③要求幼儿在固定物品或人群间走动，观察幼儿是否会撞到物品；④让幼儿顺着一个路径以移动肢体的方式接触物品到某个点；⑤观察幼儿协调动作的顺序，让幼儿在需碰触或放开的时间点做动作（如抓住移动的球，移动中抓物品、投放物品等）。幼儿顺序性动作计划能力训练方式如表5-19所示：

表5-19　顺序性动作计划能力训练

这类训练通过改变环境、空间、时间和目标任务来进行不同难易程度的练习	
目标物体为固定状态下，自身动	如跳进一个能量环、轮胎、格子里
	俯趴在中空滚筒或平板秋千上丢沙包或物体到固定的目标
	拍打固定悬吊的球；在蹦床上上下跳跃
空间移动状态下，自身动，目标物体不动（自己发力）	如在荡网状秋千时推开或踢走固定的物品
	横抱筒摇晃时从地垫上抓起静止于地面的小球
	滑动小滑板绕过障碍物
	双手拉住悬吊手环滑行后跳到球池里
自身不动，目标物体动	站在一个定点接别人抛过来的球或踢一个滚动的球
	站在一个定点拍打投掷过来的球
自身不动，目标物体动	站在一个定点用玩具枪射击移动的物体
	趴或坐在秋千上丢小球到移动的目标物
	站在一个定点，用手拍打正前方或侧方高空抛下的球
自身动，目标物体动	如坐在摇摆的竖抱筒上朝移动的人扔球
	趴在摇摆的秋千上丢沙包到移动的目标物
	抱着竖抱筒或南瓜秋千拍打摆荡在前方的球
	坐在摇摆的平板秋千上接住远处抛过来的球
顺序性活动训练强化与拓展延伸	
1	感觉统合理论中的"顺序性"动作指的是"预测动作顺序"。可以通过组合障碍游戏锻炼幼儿的顺序性动作
2	通过制订游戏规则，锻炼幼儿的动作计划能力。如老师扔球，幼儿需要躲避"炸弹"；通过跳格子反应不同要求跳跃动作间的切换；从斜坡上滚下球，让幼儿接住，可以改变同时滚下球的数量，要求幼儿在正确的时间点抓住对应的球

五、体觉运用能力障碍

特殊儿童更容易出现体觉运用能力障碍，这个问题和多重感觉过程有关。存在运用能力障碍的特殊儿童对于依赖前馈控制和事后回馈的工作都有困难，他们也很可能伴有动作计划的困扰，因此双侧协调性活动训练同时也适用于体觉运用能力障碍的儿童。

针对特殊儿童因感觉统合失调而导致的体觉运用能力障碍，训练过程中，重心需注意放在全身性的活动中，比如：从滑板上俯冲下来撞到海绵搭建的墙、双手握住吊环滑行下来跳入海洋球池再爬出来等都会有帮助。此外，要搭配需要简单的动作计划能力的训练，如跳格子到每一个障碍物前把障碍物捡起后继续跳，坐在滑板上指导师用绳子拉着滑行，每到达一站就捡起一个目标物（有一定重量的物品如沙包），还可以使用一些简单的具有因果关系的活动（如拍手或听到某个声音就从轮胎上跳下来）。特殊儿童体觉运用能力障碍干预方式见表 5-20：

表 5-20 体觉运用能力障碍干预方式与注意事项

从单一具体的动作到复杂有顺序的动作
如：从软梯上跳进呼啦圈——爬上软梯＋跨到对面的高台＋滑下滑梯＋跳进呼啦圈
从全身动作到只运作部分身体的动作（抑制身体的其他部位）
如：从海洋球池里寻宝后再爬出来，站在某个定点用单手拍球
从依赖回馈到依赖前馈控制的动作
如：从地上搬起一个箱子（回馈；对抗重力），将箱子搬到一个安全的地方，打开盖子，拿出一个苹果去洗干净（前馈）
从身体模仿＋口语指令引导到心理建构
如：口述一个活动的计划能帮助幼儿整合能力与更好地理解这个计划，但幼儿有可能出现能口述出来这个活动需要做的动作步骤，却无法将心理建构的步骤准确地执行。面对这种情况，指导师提供直接的动作示范及口语指令引导，促进幼儿同时进行。如"1、2、3，跳！"
体觉运用能力障碍干预注意事项

1	由于体觉运用能力障碍的幼儿经常会伴有本体觉处理不佳的情况，需加强"对抗阻力的动作"以加强身体概念，这是加强动作计划的基础。有时幼儿在动作进行过程中由于在计划"如何动作"会暂停所有动作，此时需要给幼儿时间，可以视情况给予简单的指示与回馈，不要说太多话

（续表）

	体觉运用能力障碍干预注意事项
2	在设计新活动时，产生的动作和之前体验过的动作要有相似性。如上次是在海洋球池中追鱼，这次可以在海洋球池中射击，还可以在海洋球池中背着沙包躲避炸弹等
3	设计的活动需与生活必须的活动具有相似性，便于幼儿经验迁移。如坐在网状秋千里用脚和身体推的动作和小区里秋千的使用具有同质性

课中加油站

想一想

小组讨论：生活中见过哪些游戏符合"空间移动状态下，自身动，目标物体不动"的设计原理？

课后测试

在线练习

知 识 巩 固

一、单项选择题

1. 儿童在地心引力所造成的感觉、头部或身体姿势改变、双脚离开地面的活动状态下出现害怕不安的情绪反应是由于（　　　）。

　　A. 平衡感不佳　　　　　　　B. 动作厌恶　　　　　　　C. 重力不安

2. 运用能力的三个过程不包括（　　　）。

　　A. 执行动作　　　　　　　　B. 动作顺序　　　　　　　C. 动作计划

3. 半规管的感觉区辨异常会导致幼儿出现（　　　）情况。

　　A. 身体概念弱　　　　　B. 动作品质弱　　　　　C. 眼球震颤时间短

二、判断题（正确打√，错误打 ×）

1. 感统失调的原因是感觉器官功能障碍。　　　　　　　　　　　　（　　　）

2. 感觉区辨不佳会影响幼儿对触觉、动作、身体的空间位置以及时间性质的理解。　　　　　　　　　　　　　　　　　　　　　　　　　　　　（　　　）

3. 双侧整合及顺序性障碍会出现动作顺序与预期的回馈控制动作困难。（　　　）

三、简答题

1. 感统失调的原因主要有哪些？

2. 简要说明感觉区辨的重要性，以及感觉区辨不佳对幼儿日常生活和学习造成的影响。

四、论述题

请说明顺序性动作计划能力训练怎样通过改变环境、空间、时间和目标任务来进行不同难易程度的练习？

课后拓展

创新任务单

班级：	姓名：	学号：

学生课后拓展任务：

1. 实训任务

请利用见习周通过现场观察、班主任访谈等方式开展实践调查，记录某班级幼儿可能存在的感觉统合障碍类型，并尝试对调查的案例进行分析，设计一个改善幼儿感统失调行为的感统训练活动方案。

2. 任务要求

幼儿行为观察与记录要做到描述细致、客观，并附上照片。

学习后的收获与感想：

学生存在的困惑：

教师评价：

0～3岁婴幼儿感觉统合训练

模块导图

0～3岁婴幼儿感觉统合训练

- 任务一　0～3岁婴幼儿触觉训练
- 任务二　0～3岁婴幼儿前庭觉训练
- 任务三　0～3岁婴幼儿本体觉训练

模块寄语

　　《托育机构保育指导大纲（试行）》中指出：提供有利于视、听、触摸等的材料，激发婴儿的观察兴趣，鼓励婴儿调动各种感官，感知物体的大小、形状、颜色、材质等。0～3岁婴幼儿的感官发育十分迅速，抓住不同阶段敏感期，提供丰富多元的感觉刺激有利于更好地促进婴幼儿身体发育和心理发展。

　　本模块主要通过介绍0～3岁婴幼儿亲子感统游戏活动设计与实施，为幼儿教师及家长提供基于感觉统合的婴幼儿亲子感统游戏设计与指导。

👣 学习目标

1. 知：介绍0～3岁婴幼儿感统游戏常见类型，解释不同类型感统游戏的设计意图，熟悉婴幼儿亲子感统游戏组织及实施流程。

2. 行：能在教育实践中依据0～3岁婴幼儿的身心特点设计亲子感统游戏，促进婴幼儿感觉统合能力的发展。

3. 意：关爱幼儿，信任幼儿，尊重个体差异，主动了解和满足有益于幼儿身心发展的不同需求。

👣 课前预习

任务一：预习任务一内容，思考婴幼儿触觉游戏的核心特点是什么。

任务二：以小组为单位预习0～3岁婴幼儿前庭游戏活动设计与指导，准备课中的翻转课堂实操演练展示。

任务三：对比前庭游戏和本体游戏，思考二者间的共性与区别是什么。

视频

任务一　0～3岁婴幼儿触觉训练

0～3岁婴幼儿触觉训练"触觉魔术师"（见表6-1）

触觉
魔术师

表6-1　触觉魔术师

活动领域	○前庭　　○本体　　▲触觉　　○视觉　　○听觉		
适应年龄	7～14 M	活动形式	☑1对多　□亲子互动
设计意图	通过触摸不同材质的布，强化触觉辨别能力		
活动目标	1. 感知不同材质的布的特点 2. 能够用不同材质的布，在身体的不同部位轻擦 3. 喜欢分享给其他小朋友，一起玩游戏		
活动准备	物质准备：不同材质的布 环境准备：室内环境宽敞明亮、干净整洁、温湿度适宜		
操作过程			
活动导入	小朋友们，老师这里有许多不同的布，我们一起来摸一摸，说一说是什么感觉的？		
游戏规则	1. 先用手触摸不同材质的布 2. 用布轻擦不同的身体部位 3. 和旁边的小朋友交换或者分享不同材质的布		
活动过程	1. 请家长和宝宝围半圆坐好，教师出示各种各样的布，每介绍完一种布，就递给旁边的宝宝，让宝宝用手摸一摸，感受布的触感。再依次传递给下一位宝宝 2. 每一种布都感受完了以后，请家长再次拿给宝宝，让宝宝感受不同的触感。家长可选不同的布，轻轻地擦宝宝的脚背、腿部、胳膊，刺激身体不同位置的触觉		
注意事项	1. 勿让宝宝的口唇接触到布 2. 粗的布要轻轻地摩擦宝宝皮肤，以免刮伤宝宝 3. 当宝宝出现排斥情绪时，及时停止活动		
拓展延伸	找出软硬、冷热、大小不同，以及粗糙和光滑的物品进行触摸		

0~3岁婴幼儿触觉训练"网盘秋千——躺着玩"（见表6-2）

表6-2　网盘秋千——躺着玩

活动领域	▲前庭　　○本体　　▲触觉　　○视觉　　○听觉		
适应年龄	15~22 M	活动形式	☑1对多　□亲子互动
设计意图	1. 通过网盘秋千的摆动，刺激幼儿的前庭平衡 2. 通过在秋千上铺不同的垫子，刺激幼儿触觉发展		
活动目标	1. 理解平躺在秋千里摆荡的意思 2. 能够在摆荡过程中，感受不同的垫子或者不同质地的球的触觉 3. 喜欢摆荡游戏，愿意遵守游戏规则		
活动准备	物质准备：鸟笼秋千 环境准备：室内环境宽敞明亮、温湿度适宜		
操作过程			
活动导入	宝贝们，今天我们要玩一个新游戏，学小鸟荡秋千哦		
游戏规则	1. 轮流躺在鸟笼秋千里面，感受鸟笼秋千的摆荡 2. 在摆荡过程，感受不同质地的球带来的触觉刺激 3. 躺在有触觉垫的鸟笼秋千里面摆荡		
活动过程	1. 引导幼儿躺在鸟笼秋千上，教师引导家长轻轻摇动秋千，摇动过程中教师可以用触觉球或其他不同质地的球在幼儿身体上滚动 2. 在鸟笼秋千里面垫上触觉毯或者不同质感的垫子，让幼儿躺或靠在上面摇荡		
注意事项	1. 除了靠枕外，也可准备毛巾毯铺在上面。通过让幼儿躺在不同材质的物体上，增强触觉感受 2. 对于2岁以下的低幼宝宝，摆荡幅度要小（30度左右）		
拓展延伸	和其他幼儿轮流或者两个幼儿一起坐鸟笼秋千		

0～3岁婴幼儿触觉训练"咕咚水球"（见表6-3）

表6-3　咕 咚 水 球

活动领域	○前庭　　▲本体　　▲触觉　　○视觉　　○听觉		
适应年龄	13～22 M	活动形	☑1对多　□亲子互动
设计意图	1. 通过触摸水球，感知水球的质地、重量等，促进幼儿触觉发展 2. 通过投掷和踢水球，锻炼幼儿视觉空间和身体协调能力		
活动目标	1. 感知水球的特点，理解投掷水球游戏的意思 2. 能够将水球投到指定位置 3. 喜欢玩水球，乐于参与集体活动		
活动准备	物质准备：水球（气球里面装水） 环境准备：室内环境干净整洁、宽敞明亮、温湿度适宜		
操作过程			
活动导入	宝贝们，今天老师带了一个咕咚咕咚的水球，请你先听听它的声音，然后摸一摸		
游戏规则	1. 通过触摸感受水球的特性 2. 单手拿水球举过头顶，向前投掷 3. 往篮球场中间的圈里面投掷水球		
活动过程	1. 给幼儿每人一个水球，让幼儿感受水球的重量、质地等 2. 教师示范投掷水球的动作。 　　——请幼儿单手拿水球，手举过肩，向前伸臂并做出扔的动作 3.（如教室内有篮球场，请幼儿站在场地的四周）请幼儿站在投掷线外，线内放置四分之一圆，请幼儿往圈内投掷水球		
注意事项	1. 活动场地内无杂物、尖锐物 2. 气球中不宜充水太多		
拓展延伸	1.（移动靶位投掷）请幼儿站成一横排，教师推动四分之一圆，幼儿向内扔水球 2. 教师示范踢水球的动作后，请幼儿自己练习踢水球		

0～3岁婴幼儿触觉训练"漂亮的彩虹路"（见表6-4）

表6-4 漂亮的彩虹路

活动领域	▲前庭 ▲本体 ▲触觉 ○视觉 ○听觉		
适应年龄	23～30 M	活动形式	☑1对多 □亲子互动
设计意图	1. 通过走过河石给予幼儿脚底的触觉刺激，增进触觉区辨能力发展 2. 通过设置行走路径，促进幼儿动作计划能力发展 3. 通过脚离开地面的游戏，促进姿势调节与平衡能力发展		
活动目标	1. 感知彩虹石高低不平的特点，理解游戏的意思 2. 能够在彩虹石上面稳定行走 3. 喜欢尝试不同的触觉刺激		
活动准备	物质准备：彩虹石 环境准备：室内环境宽敞明亮、温湿度适宜		
操作过程			
活动导入	今天我们要走一条特别的小路，这条路上面有许多小石头，我们一起来试试吧		
游戏规则	1. 在教室一边等待老师铺设彩虹石 2. 认真倾听老师讲解行走路径，清楚不能行走的地方 3. 跟随音乐，在彩虹石上行走		
活动过程	1. 教师将彩虹石随意铺在地面上，呈曲线状，并将沙包穿插摆放在中间 2. 配合音乐，请幼儿排队轮流从彩虹石及沙包上走过，不可走在两样东西之外的地方，如果掉下去了，要从头再来一次 3. 活动结束，教师总结		
注意事项	如果幼儿运动能力较差，无法正确走入指定范围，老师和家长可提醒他看清楚后再慢慢来，失败了鼓励幼儿重新来		
拓展延伸	带幼儿光脚走公园的石子路		

0～3岁婴幼儿触觉训练"小乌龟采果子"（见表6-5）

表6-5　小乌龟采果子

活动领域	▲前庭　　▲本体　　▲触觉　　○视觉　　○听觉		
适应年龄	31～36 M	活动形式	☑1对多　□亲子互动
设计意图	1. 通过引导幼儿手膝着地主动钻爬小栏架，给予幼儿四肢的触觉 2. 通过设置障碍物，增进幼儿顺序性动作能力		
活动目标	1. 感知小乌龟爬行的特点，理解游戏的意思 2. 能够钻过障碍物爬到终点，采到果子后爬回来 3. 乐于挑战新游戏		
活动准备	物质准备：超级战衣、粘粘球 环境准备：室内环境宽敞明亮、温湿度适宜		
操作过程			
活动导入	小朋友们，今天我们要变成小乌龟，在地上爬行，现在请大家像我一样趴下来爬一爬		
游戏规则	1. 在地上和老师练习爬行 2. 能够从栏架一端钻到另一端 3. 钻过栏架采果子，再钻回来		
活动过程	1. 小筐里放一些超级战衣上的小球，幼儿穿上超级战衣。 　创设情境：小乌龟要到树林里采果子，采到果子后要原路爬回来 2. 教师把幼儿分成两组，每名幼儿都穿上超级战衣。第一名幼儿从起点出发，钻爬过各种障碍物，到达终点采一个果子（教师帮助幼儿把小球粘到战衣上），再原路返回，第二名幼儿再出发		
注意事项	避免钻爬时，碰撞到栏架上		
拓展延伸	1. 将超级战衣的小球分散放在地上，幼儿到达终点时，自己翻滚把球粘到身上，或者趴下用肚皮粘上小球 2. 幼儿采到果子后，后退爬回起点（不需要后退钻爬，只要从障碍旁边后退爬回去就行，如果幼儿能力较强，可以尝试后退钻爬）		

任务二 0～3岁婴幼儿前庭觉训练

视频

拔萝卜

0～3岁婴幼儿前庭觉训练"拔萝卜"（见表6-6）

表6-6 拔 萝 卜

活动领域	▲前庭　　○本体　　○触觉　　○视觉　　○听觉		
适应年龄	13～22 M	活动形式	☑1对多　□亲子互动
设计意图	1. 通过上下拉动双手，训练平衡能力，强化运动计划能力 2. 通过集体游戏，促进幼儿社会性发展		
活动目标	1. 知道拔萝卜游戏的规则，能够和家长配合游戏 2. 和家长拉手前后晃动时能保持平衡 3. 喜欢和家长一起游戏		
活动准备	物质准备：铃铛魔法绳 环境准备：室内环境宽敞明亮、温湿度适宜		
操作过程			
活动导入	今天我们要一起来拔萝卜，先看看我和嘟嘟是怎么做的吧		
游戏规则	1. 观察老师示范，理解游戏内容 2. 躺下来和爸爸妈妈一起进行拔萝卜游戏 3. 和爸爸妈妈面对面站着进行游戏		
活动过程	1. 幼儿躺在软垫上，家长蹲在幼儿腿部的位置，双手拉着幼儿的手腕一上一下交替牵动，边拉边说儿歌"拔萝卜，拔萝卜，哎哟哎哟拔不动；拔萝卜，拔萝卜，拔出一个大萝卜"，说到"拔出一个大萝卜"时高举起幼儿（牵扯过程中如果幼儿头部离开地面，放下时一定慢速轻放，避免撞击） 2. 家长和幼儿面对面站好，握紧对方的手，家长身体前后晃，边拉动幼儿边唱儿歌，说到最后一句时将幼儿抱起		
注意事项	在拉扯幼儿上肢时一定注意力度和动作幅度，以幼儿可接受的程度进行		
拓展延伸	家长和幼儿面对面坐在软垫上，双腿伸直并拢，双脚相对，互拉铃铛魔法绳唱《拔萝卜》		

0～3岁婴幼儿前庭觉训练"翻滚吧，烤红薯"（见表6-7）

视频

翻滚吧，
烤红薯

表6-7 翻滚吧，烤红薯

活动领域	▲前庭 　　▲本体 　　○触觉 　　○视觉 　　○听觉		
适应年龄	13～22 M	活动形式	☑1对多 □亲子互动
设计意图	1. 通过翻滚动作，给予半规管刺激，促进姿势协调及平衡性发展 2. 通过自主左右翻身，锻炼背部、腰腹部力量		
活动目标	1. 感知翻滚的动作技巧，理解烤红薯的游戏任务 2. 能够左右两边连续翻滚，连续翻滚时，方向保持一致 3. 喜欢玩翻滚游戏		
活动准备	物质准备：软垫 环境准备：室内环境宽敞明亮、温湿度适宜		
操作过程			
活动导入	宝宝们，我们要变成圆滚滚的烤红薯		
游戏规则	1. 伸直双臂，向一边翻滚 2. 向左翻滚，再向右翻滚 3. 从软垫的一端开始，向另一端翻滚		
活动过程	1. 准备好五折垫，教师介绍玩法并做动作示范： 　　——像我这样双臂伸直，连续向前翻滚起来吧 2. 不太会翻的幼儿家长可以帮助交叉双腿辅助翻身 3. 鼓励尝试不同方向的翻滚，连续进行时方向保持一致		
注意事项	朝一个方向进行翻滚，避免碰撞		
拓展延伸	1. 家长可以用毛巾毯将幼儿卷起来，从一端快速拉开，让幼儿从毛巾毯里面翻滚出来 2. 从斜坡上，向下翻滚		

0～3岁婴幼儿前庭觉训练"嘀嘀嘀，小汽车"（见表6-8）

表6-8　嘀嘀嘀，小汽车

活动领域	▲前庭　○本体　○触觉　○视觉　○听觉		
适应年龄	13～22 M	活动形式	☑1对多　□亲子互动
设计意图	1. 通过坐滑板车给予椭圆囊水平刺激，促进前庭觉发展 2. 通过移动过程中的坐姿控制，强化本体感和平衡能力		
活动目标	1. 感知滑板车的特点，理解滑板车游戏的意思 2. 能够稳定地坐在滑板车上面 3. 喜欢和爸爸妈妈玩游戏		
活动准备	物质准备：滑板车 环境准备：室内环境宽敞明亮、温湿度适宜		
操作过程			
活动导入	嘀嘀嘀，小汽车来啦！请大家坐上车（出示滑板车，让幼儿坐在上面）		
游戏规则	1. 坐在滑板车上面，双手抓住滑板车两侧 2. 坐稳后，爸爸妈妈左右转动滑板车，能保持身体稳定 3. 爸爸妈妈将滑板车转圈，也能控制好身体平衡		
活动过程	1. 教师简单介绍游戏规则：幼儿坐或趴在滑板车上，请家长带幼儿尝试旋转和转圈两个动作 　旋转：家长位于滑板车旁，双手抓住滑板车两侧左右旋转滑板车 　转圈：家长位于滑板车旁，双手抓住滑板车两侧，按顺时针方向转动滑板车后，再逆时针方向转回 2. 拉动：幼儿坐在滑板车上，抓住两边，家长拉动滑板车		
注意事项	地面保持光滑无异物，家长转动、推滑板车时速度不宜过快，保持匀速		
拓展延伸	教师在教室摆放路障，幼儿坐滑板车，家长拉滑板车绕过路障进行运动		

0～3岁婴幼儿前庭觉训练"马上投球"（见表6-9）

表6-9　马 上 投 球

活动领域	▲前庭　　▲本体　　○触觉　　○视觉　　○听觉		
适应年龄	23～30 M	活动形式	☑1对多　□亲子互动
设计意图	1. 通过趴在大龙球上，发展颈部肌张力及对身体的控制力 2. 通过左右、前后摇晃刺激椭圆囊，提升姿势调节及平衡协调能力 3. 通过投球，训练上肢力量		
活动目标	1. 感知大龙球的特点 2. 能够在大龙球上进行投球，能够俯趴在大龙球上 3. 喜欢和爸爸妈妈游戏		
活动准备	物质准备：大龙球、海洋球、小筐 环境准备：室内环境宽敞明亮、温湿度适宜		
操作过程			
活动导入	小朋友们，请看这是大龙球，我们要在球上进行游戏，提升宝宝的平衡能力		
游戏规则	1. 幼儿俯卧在大龙球上面，被前后、左右摇晃 2. 俯趴在大龙球上，手拿海洋球，投进前面的小筐里		
活动过程	1. （俯卧大龙球）请幼儿趴在大龙球上，家长抓住幼儿的大腿或用双手扶住幼儿的胯部，前后、左右摇晃，待幼儿适应后，可加快速度。如果幼儿不适应趴在球上，可以先坐在大龙球上，家长扶着幼儿的腋下，前后、左右摇晃 2. 待幼儿适应俯趴在大龙球上时，在前方约60 cm处放置小筐，让幼儿手拿海洋球，引导幼儿将手中的海洋球投掷进小筐里		
注意事项	幼儿在球上的摇晃幅度不要太大，避免幼儿掉落下来		
拓展延伸	牵着幼儿的手，让幼儿在球上跳跃		

0～3岁婴幼儿前庭觉训练"蹦蹦转转"（见表6-10）

表6-10　蹦 蹦 转 转

活动领域	▲前庭　　○本体　　○触觉　　○视觉　　○听觉		
适应年龄	23～30 M	活动形式	☑1对多　□亲子互动
设计意图	1. 通过操控蹦床和陀螺，提高身体控制能力和调适能力 2. 通过跳高和旋转，刺激球囊和半规管，增强前庭平衡能力		
活动目标	1. 感知蹦床和陀螺的特点 2. 能在旋转陀螺时保持身体的稳定，能够在跳蹦床时做动作 3. 喜欢弹跳和旋转游戏		
活动准备	物质准备：蹦床，陀螺 环境准备：室内环境宽敞明亮、温湿度适宜		
操作过程			
活动导入	小朋友们，今天我们要一起来跳蹦床，让我们一起把蹦床搬出来吧		
游戏规则	1. 观察上下蹦床的方法，再上蹦床进行游戏 2. 在蹦床上一边弹跳，一边做指定动作 3. 坐在陀螺里面旋转，保持身体稳定		
活动过程	1. 学习上下蹦床：上蹦床时，先从平地站上边沿，站定后再走向蹦床中心。想停止跳跃时，双腿不再用力。下蹦床时，先走到边沿，站定后再走到地上 2. 听指令做动作。教师说指令，幼儿一边跳一边做动作。比如，双手举起，左手/右手举起，左手举起、右手同步伸展等 3. 学习转陀螺：教师说明安全规范。只有在成人协助下，幼儿才能上下转陀螺。在陀螺上时，幼儿要双手抓住陀螺边缘 4. 儿童跪坐或者俯卧坐在大陀螺内，教师在一旁帮助旋转。速度不宜太快，约2～3秒转一圈为宜		
注意事项	1. 幼儿上下蹦床和陀螺是否能遵守规范，注意安全 2. 幼儿是否能使用蹦床和陀螺		
拓展延伸	转圈圈。幼儿在蹦床上跳跃时，教师围绕蹦床转圈走，发展幼儿追视、旋转、沿着边沿跳的能力		

视频

勇敢小
士兵

任务三 0～3岁婴幼儿本体觉训练

0～3岁婴幼儿本体觉训练"勇敢小士兵"（见表6-11）

表6-11 勇 敢 小 士 兵

活动领域	○前庭　　▲本体　　○触觉　　○视觉　　○听觉		
适应年龄	13～22 M	活动形式	☑1对多 □亲子互动
设计意图	1. 通过不同的爬行方式，提供丰富的本体觉刺激 2. 通过钻圈爬、运送布球，提升幼儿肢体的协调性和控制能力		
活动目标	1. 感知爬行的特点，理解钻爬游戏的意思 2. 能够带着物品钻爬和匍匐爬 3. 喜欢爬行游戏，活动过程中情绪愉快		
活动准备	物质准备：万象组合（双砖、单砖、呼啦圈、短棒） 环境准备：室内环境宽敞明亮、温湿度适宜		
操作过程			
活动导入	宝宝们，今天我们要变成小士兵，练习钻、匍匐爬等运动技巧，请大家听我口令做动作		
游戏规则	1. 等待教师摆放教具，观察教师示范动作 2. 从起点出发，用手膝爬和匍匐爬的方式进行钻爬活动 3. 带着沙包钻爬		
活动过程	1. 参考教案示意图摆放好万象组合 2. 趴下（教师做俯趴动作）、站起来练习3次，随后请小朋友排好队从万象组合一端进入，另一端爬出，分别练习手膝爬行和匍匐爬行 3. 准备布球，让幼儿手拿布球爬出		
注意事项	排队进行游戏		
拓展延伸	1. 手脚爬行 2. 绕障碍爬行		

0～3岁婴幼儿本体觉训练"跨越障碍"（见表6-12）

表6-12　跨 越 障 碍

活动领域	▲前庭　　▲本体　　○触觉　　○视觉　　○听觉		
适应年龄	13～22 M	活动形式	☑1对多　□亲子互动
设计意图	1. 通过跨越呼啦圈，锻炼幼儿双侧协调的能力 2. 通过设置行动路径，促成动作计划能力发展		
活动目标	1. 理解组合游戏的意思 2. 能够抬高腿部，能拿着物品跨越障碍物，行走跨越路径 3. 喜欢和同伴一起游戏		
活动准备	物质准备：万象组合（呼啦圈、双砖） 环境准备：室内环境宽敞明亮、温湿度适宜		
操作过程			
活动导入	今天我们要去帮助小老鼠运粮食，路上有一些栅栏挡住了我们的路，我们要抬高腿，跨过圆圈栅栏才能帮助小老鼠		
游戏规则	1. 原地练习高抬腿的动作 2. 从起点出发，依次跨过圆圈到达终点 3. 从起点出发，拿着沙包，跨过圆圈，将沙包送到终点		
活动过程	1. 请教师按照下图搭建 2. 教师组织幼儿排队进行游戏，在跨越较高的圈圈时，可以请家长扶着幼儿的胳膊，协助幼儿进行跨越 3. 从起点拿沙包，跨过圈圈，把沙包送到终点		
注意事项	提醒幼儿有序排队跨越障碍		
拓展延伸	搭建高低不同的栏架，让幼儿跨越难易程度不同的障碍		

0～3岁婴幼儿本体觉训练"碰碰撞撞"（见表 6-13）

表 6-13 碰 碰 撞 撞

活动领域	▲前庭　　▲本体　　○触觉　　○视觉　　○听觉		
适应年龄	23～30 M	活动形式	☑1对多 □亲子互动
设计意图	1. 通过抬球走障碍，促进幼儿双侧协调及平衡能力发展 2. 通过合作完成任务，提升幼儿社会性发展		
活动目标	1. 理解携物行走的意思 2. 能够在行走中保持平衡，完成携物行走的路径 3. 喜欢和他人合作完成任务		
活动准备	物质准备：万象组合（篮桥、球） 环境准备：室内环境宽敞明亮、温湿度适宜		
操作过程			
活动导入	宝贝们，我们的好朋友小象遇到了麻烦，它想要我们帮助它把小球抱回家，可是回家的路上有一条需要两个人一起抱球行走的小路，今天我们就要尝试合作抱球走过这条小路		
游戏规则	1. 等待教师摆放教具，观察教师示范动作 2. 和家长合作抱球，走指定路径		
活动过程	1. 教师按照示意图摆放万象组合，并向幼儿示范合作抱球走及行走路线，如图所示 2. 两位幼儿抱球走篮板搭成的平衡小路时，不要求幼儿走在上面，分别走在两侧即可。如遇幼儿不愿意与其他人合作，教师可准备篮球，让宝宝独自或者和家长合作抱篮球走过路径。幼儿完成一次合作路径后，可让幼儿自己抱球再走一遍		
注意事项	1. 活动地面保持干净整洁 2. 幼儿在走路径时，请家长在一侧保护幼儿安全		
拓展延伸	用飞毯抬球，用体能棒夹球抬着走		

视频

跳起来

0～3 岁婴幼儿本体觉训练 "跳起来！"（见表 6-14）

表 6-14 跳 起 来！

活动领域	○前庭　　▲本体　　○触觉　　○视觉　　○听觉		
适应年龄	23～30 M	活动形式	☑1 对多　□亲子互动
设计意图	1. 通过扶物跳跃，给予本体觉刺激 2. 通过撑地动作，增强幼儿上肢的支撑力，提高运动的爆发力 3. 通过平地跳跃，提升幼儿腿部肌肉力量		
活动目标	1. 感知不同跳跃方式的特点 2. 能够在上肢支撑下，双脚完成跳跃练习 3. 喜欢和同伴一起游戏		
活动准备	物质准备：跳箱 环境准备：室内环境宽敞明亮、温湿度适宜		
操作过程			
活动导入	小朋友们，今天我们要练习不同的跳跃，首先是扶物跳跃，先看我是怎么做的		
游戏规则	1. 双手扶在跳箱上，练习扶物跳跃 2. 双手撑在地上，双脚交替跳起来 3. 在平地屈膝向上跳高		
活动过程	1.（扶物跳跃）请幼儿双手扶着跳箱，上身略微前倾，弯腰，手撑住，屈膝，依靠双脚的力量起跳。掌握动作要领后，可让幼儿连续起跳 2.（撑地交替跳）请幼儿俯趴在地面上，双手掌撑地，双脚交替蹬地，也可在大斜坡上，幼儿的头朝上俯趴做此动作 3.（平地跳）请幼儿站立在平地上，屈膝向上跳。首次尝试如有困难的幼儿，可请家长拉着幼儿的手一起跳		
注意事项	跳跃过程中注意幼儿的安全；跳跃结束后，让幼儿放松一下四肢		
拓展延伸	从上向下跳，向前跳		

0～3岁婴幼儿本体觉训练"小刺猬运球"（见表6-15）

表6-15　小刺猬运球

活动领域	▲前庭　　▲本体　　○触觉　　○视觉　　○听觉		
适应年龄	30～36 M	活动形式	☑1对多　□亲子互动
设计意图	1. 通过斜坡连续翻滚动作，提供本体刺激和前庭刺激，增进幼儿身体协调能力和平衡能力发展 2. 通过和小朋友一起翻滚，提升同伴交往能力		
活动目标	1. 理解连续翻滚游戏的意思 2. 能够和小朋友配合从两边一起滚下斜坡 3. 喜欢和其他幼儿一起参与游戏		
活动准备	物质准备：斜坡、软垫、小筐 环境准备：室内环境宽敞明亮、温湿度适宜		
操作过程			
活动导入	今天我们要变成小刺猬来运球了，先看看我是怎么做的吧		
游戏规则	1. 等待教师摆好教具，观察教师示范动作 2. 抱球从斜坡上滚下，将球送到小筐里面 3. 和其他小朋友分别从斜坡两边滚到中间，站起来击掌		
活动过程	游戏1：小刺猬运球 　幼儿拿一个软球，将球抱在胸前，然后侧向翻滚到斜坡下，将球放到小筐里，一名幼儿运完之后，另一名幼儿开始 游戏2：转身遇到你 　教师将2个折叠斜坡低的一端相对摆放，间隔2～3米（保持安全距离，避免幼儿从斜坡滚下来相互碰撞）。两名幼儿分别从折叠斜坡两侧往中间滚，到中间位置，迅速站起击掌		
注意事项	注意滚下斜坡时，避开其他小朋友		
拓展延伸	两名幼儿互相抓住对方的小臂，听教师口令，然后一起在大斜坡上往同一个方向翻滚		

在线练习

课后测试

知 识 巩 固

一、单项选择题

1. 以下哪项训练不属于前庭游戏的训练项度？（　　）

　　A. 重力感知　　　　　　　　B. 平衡姿势　　　　　　　　C. 肌肉力量

2. 《漂亮的彩虹路》的训练意图不包含增进以下哪类感觉系统的发展？（　　）

　　A. 本体觉　　　　　　　　　B. 触觉　　　　　　　　　　C. 听觉

3. 游戏"翻滚吧，烤红薯"除了能给予前庭刺激还能给予以下哪类刺激？
　　（　　）

　　A. 本体　　　　　　　　　　B. 触觉　　　　　　　　　　C. 视觉

二、判断题（正确打√，错误打 ×）

1. 大陀螺既可以用作前庭训练也可以用作本体训练。　　　　　　　　（　　）

2. 水太危险了，因此不适用于作为材料进行感统训练。　　　　　　　（　　）

3. 所有旋转游戏都与本体觉有关。　　　　　　　　　　　　　　　　（　　）

三、简答题

1. 简述婴幼儿前庭游戏训练教具有哪些，请列举 5 种教具。

2. 简要说明游戏"跨越障碍"的设计意图是什么。

四、分析题

　　贝贝 32 个月，特别挑食，很爱哭，此外不爱走路，出门总是要抱，在户外玩的时候，看到其他小朋友玩旋转木马贝贝也不肯玩。

　　请问贝贝有可能是因为什么而出现这些行为，如何通过感统训练给予贝贝帮助。

课后拓展

创新任务单

班级：	姓名：	学号：

学生课后拓展任务：

　　1. 实训任务

　　扫码观看基于感觉统合的婴幼儿视听觉亲子游戏，进行实操演练与家长指导。

　　2. 任务要求

　　小组合作开展游戏实操演练（在角色扮演中进行），并录制视频。

学习后的收获与感想：

课后拓展学习二维码：

文档

视听觉游戏
设计与指导

学生存在的困惑：

教师评价：

3～6 岁幼儿感觉统合训练

模块导图

```
                          ┌─ 任务一  3～6 岁幼儿触觉训练
                          │
3～6 岁幼儿感觉统合训练 ─────┼─ 任务二  3～6 岁幼儿前庭觉训练
                          │
                          └─ 任务三  3～6 岁幼儿本体觉训练
```

模块寄语

　　《3～6 岁儿童学习与发展指南》中强调:"发育良好的身体、愉快的情绪、强健的体质、协调的动作、良好的生活习惯和基本生活能力是幼儿身心健康的重要标志,也是其他领域学习与发展的基础。"根据艾尔斯博士感觉统合发展层次理论,3～6 岁在第一、第二次感觉统合能力发展的同时第三层次也开始发展,是学前儿童开展有目的活动、进行更高更难的学习活动的基础。

　　本模块主要通过介绍 3～6 岁幼儿感统游戏活动设计与实施,为幼儿教师及家长提供基于感觉统合的学前儿童感统游戏设计与指导。

学习目标

1. 知：介绍感统游戏基本类型，解释不同类型感统游戏的设计意图，熟悉学前儿童感统游戏组织及实施流程。

2. 行：能在教育实践中依据3～6岁学前儿童的身心特点设计感统游戏，促进幼儿感觉统合能力的发展。

3. 意：热爱学前教育事业，具有职业理想，践行社会主义核心价值观，具有终身学习与持续发展的意识和能力，做终身学习的典范。

课前预习

任务一：预习3～6岁幼儿触觉训练，以小组为单位进行课中3～6岁婴幼儿触觉感统训练的翻转教学准备。

任务二：预习任务二学习内容，思考在幼儿园感统器材有限的前提下，如何利用幼儿园的已有资源开展感统训练。

任务三：预习任务三学习内容，以小组为单位学习3～6岁婴幼儿本体游戏活动设计与指导，准备课中进行实操演练展示。

任务一 **3～6 岁幼儿触觉训练**

3～6 岁幼儿触觉训练"划龙舟"（见表 7-1）

表 7-1 划 龙 舟

活动领域	○前庭　　○本体　　▲触觉　　○视觉　　○听觉		
适应年龄	4～6 岁	活动形式	□1 对 1　☑1 对多
干预类型	触觉防御——高警醒度		
训练目的	1. 通过俯趴于软梯进行游戏，给予幼儿身体躯干上的感觉刺激 2. 通过幼儿主动出力，抑制交感神经过度活化 3. 通过双臂爬行降低幼儿触觉的高警醒度		
活动准备	物质准备：软梯 环境准备：平坦宽阔的教室		
操作过程			
活动导入	小朋友们，五月初五是端午节，端午节的时候会有赛龙舟的比赛，我们也来玩一个划龙舟的游戏吧		
操作方式	1. 给幼儿每人发一个软梯，软梯竖着放，幼儿趴在软梯上，手撑在两边的地面 2. 幼儿双脚不能出力，双手用力向前爬行，到终点后返回		
注意事项	幼儿的手臂、手腕力量是否可以带动全身爬行，如果手臂、手腕力气不足，教师可以让幼儿换成跪着双手撑地划		
活动延伸	1. 双人坐在软梯上用手前行 2. 趴卧单手爬行		
活动评价	□能趴卧向前爬行 □可以持续完成＿＿＿＿组		

3～6岁幼儿触觉训练"碎碎乐"（见表7-2）

表7-2　碎　碎　乐

活动领域	○前庭　　○本体　　▲触觉　　○视觉　　○听觉		
适应年龄	3～5岁	活动形式	☑1对1　□1对多
干预类型	触觉防御——高警醒度		
训练目的	1. 通过给予唇部触觉刺激，降低幼儿对唇部触觉刺激的过度反应 2. 通过用嘴唇压碎饼干，给予幼儿多样化的触觉刺激 3. 通过主动发力改善幼儿警醒度过高，过度兴奋的状况		
活动准备	物质准备：小盘子、巧脆卷 环境准备：干净的桌面		
操作过程			
活动导入	老师今天带来了好吃的巧脆卷，小朋友们今天要用嘴来感受一下把巧脆卷弄碎是什么感觉（按照幼儿的喜好放入其他食物也可以）		
操作方式	1. 教师准备好小盘子和巧脆卷 2. 请幼儿双手拿着盘子将嘴嘟起来，用嘴巴把巧脆卷压碎 3. 压完以后让幼儿用舌头将盘子里的巧脆卷舔掉		
注意事项	1. 看幼儿愿不愿意用嘴巴压碎巧脆卷，如果幼儿不喜欢这个触感，教师可以替换成果冻或其他的零食 2. 在操作过程中避免幼儿弄得全身到处都是碎屑，也可以将巧脆卷掰成小段，让幼儿一段一段来弄碎		
活动延伸	在盘子里放入不同大小和材质的食物，让幼儿戴上眼罩用嘴巴感受		
活动评价	□能接受用嘴触碰巧脆卷 □能用嘴将巧脆卷弄碎		

3～6岁幼儿触觉训练"会滚的毛毛虫"（见表7-3）

表7-3 会滚的毛毛虫

活动领域	○前庭　　○本体　　▲触觉　　○视觉　　○听觉		
适应年龄	3～6岁	活动形式	☑1对1　□1对多
干预类型	触觉防御——排斥与逃避		
训练目的	1. 通过给予幼儿深压觉，稳定幼儿情绪 2. 通过主动发力，抑制交感神经，使幼儿保持情绪稳定 3. 通过水平面推动幼儿，提供有规律的前庭刺激，缓解触觉防御		
活动准备	物质准备：床单、软垫 环境准备：平软的地面		
操作过程			
活动导入	请小朋友来说一说毛毛虫是怎么爬的。我们今天要扮演毛毛虫在软垫上打滚哦		
操作方式	1. 教师将小床单裹在幼儿身上 2. 幼儿竖躺在垫子上 3. 匀速缓慢地推动幼儿		
注意事项	1. 刚开始床单不要裹得太紧，是小朋友愿意承受的紧度，之后慢慢裹紧 2. 这个游戏要考虑幼儿是否有前庭敏感的情况，如果有建议换一种玩法		
活动延伸	等幼儿适应后，可以在床单里放入沙包、软的积木块，再进行缓慢匀速地滚动，让幼儿感受不同的触觉挤压		
活动评价	可以让教师往身上裹床单　□是　　□否 可以接受教师将床单裹在身上的程度　□松　□适中　□紧		

3～6岁幼儿触觉训练"身体画笔"（见表7-4）

表7-4　身 体 画 笔

活动领域	○前庭　　○本体　　▲触觉　　○视觉　　○听觉		
适应年龄	3～6岁	活动形式	☑1对1　□1对多
干预类型	触觉防御——针对逃避与排斥		
训练目的	1. 通过身体绘画给予幼儿多样的触觉经验 2. 通过涂抹颜料降低幼儿对触觉刺激的过度反应 3. 通过游戏情境引导幼儿主动将颜料涂抹到身体上，缓解触觉防御		
活动准备	物质准备：颜料、水桶、白纸、纸巾 环境准备：空旷、好擦的场地		
操作过程			
活动导入	小朋友们，今天我们要画画，可是没有画笔，你有什么好办法可以画出来好看的图形吗？		
操作方式	1. 请幼儿手指涂上调好的颜料在画纸上画不同的形状，如三角形、圆形、正方形或者其他小朋友想画的内容 2. 幼儿能够接受后，可以尝试用手掌涂上颜料在纸上随意画图		
注意事项	1. 循序渐进，不敏感区域到相对敏感区域，量小到量大 2. 不强迫脱敏（脱敏：制订适合幼儿的触觉训练方案，让幼儿从敏感逐渐变成不敏感） 3. 所用颜料要适合幼儿		
活动延伸	可以用身体的其他部位，比如脚趾、脚掌、胳膊等部位画画		
活动评价	能接受手指涂抹颜料　□是　□否 能接受手掌涂抹颜料　□是　□否		

3~6 岁幼儿触觉训练"叠叠塔排序"（见表 7–5）

表 7-5　叠叠塔排序

活动领域	○前庭　　○本体　　▲触觉　　○视觉　　○听觉		
适应年龄	4～6 岁	活动形式	□ 1 对 1　☑ 1 对多
干预类型	感觉区辨——触觉区辨		
训练目的	1. 通过提供触觉刺激，提升幼儿 DCML 通路信息传递效能 2. 通过视觉遮蔽下的积木排列游戏，训练幼儿触觉区辨能力		
活动准备	物质准备：大小不同的积木、眼罩 环境准备：干净的桌子		
操作过程			
活动导入	宝贝们，老师这里有一个叠叠高的小积木塔，现在我们要像这样从大到小将积木塔进行排序，现在请小朋友们带上眼罩		
操作方式	1. 幼儿戴好眼罩 2. 教师将积木拿下来打乱顺序放在桌面上 3. 幼儿通过双手摸的方式分清楚大小，将积木按从大到小的顺序依次排列		
注意事项	1. 幼儿是否配合戴眼罩，有的幼儿刚开始害怕，教师可以用书代替挡在幼儿面前，只要屏蔽视觉信息即可，然后循序渐进再让幼儿戴上眼罩 2. 幼儿是否有从大到小的认知概念		
活动延伸	1. 还可以让幼儿从小到大排列积木塔 2. 幼儿在戴眼罩之前记忆教师出示的三个积木，之后戴上眼罩从多个积木中找到并摸出刚刚教师出示的积木		
活动评价	可以摸出来大小积木块　□是　　□否 可以完成从大到小的积木排序　□是　　□否		

任务二 3～6岁幼儿前庭觉训练

3～6岁幼儿前庭觉训练"竖抱桶贴纸"（见表7-6）

前庭觉拓展游戏

表7-6 竖抱桶贴纸

活动领域	▲前庭　○本体　○触觉　○视觉　○听觉		
适应年龄	4～6岁	活动形式	☑1对1　☑1对多
干预类型	前庭调节障碍——动作厌恶		
训练目的	1. 通过给予幼儿前庭觉（半规管）的刺激，改善幼儿对旋转的厌恶反应 2. 通过移动状态下贴小花，训练幼儿的眼球动作（追踪）		
活动准备	环境准备：竖抱桶、打印的小花、贴小花的纸 物质准备：平软的地面		
操作过程			
活动导入	宝贝们，春天到了，万物复苏，小花也开了，老师的纸上全是花茎，没有小花，你可以帮老师让一朵朵小花开放吗？		
操作方式	1. 幼儿盘腿坐在竖抱桶上，双手抱好竖抱桶 2. 教师轻轻转动竖抱桶，等幼儿能够接受竖抱桶旋转的速度后请幼儿拿教师手里筐中的小花，并在旋转的过程中贴在纸上 3. 在旋转的过程中再贴第二朵		
注意事项	1. 幼儿是否能一直手松开后旋转 2. 刚开始旋转速度不要太快，等幼儿能接受了再循序渐进地加转的圈数和速度		
活动延伸	1. 竖抱桶旋转推开大龙球 2. 竖抱桶旋转投掷 3. 竖抱筒可换成轮胎秋千、南瓜秋千等悬吊类秋千		
活动评价	□能自己单手松开旋转贴花 能转_____圈，能接受的速度_____		

3～6岁幼儿前庭觉训练"侧滚翻粘粘乐"（见表7-7）

表7-7 侧滚翻粘粘乐

活动领域	▲前庭　　▲本体　　○触觉　　○视觉　　○听觉		
适应年龄	3～5岁	活动形式	□1对1　☑1对多
干预类型	前庭本体功能障碍——平衡感不佳		
训练目的	1. 引导幼儿在侧滚翻时主动抬高头部，做出保护头部的动作 2. 通过水平旋转给予幼儿前庭刺激，促进其平衡能力发展 3. 通过粘贴毛球给予幼儿触觉刺激，降低触觉防御		
活动准备	物质准备：软垫、毛球、粘球衣 环境准备：平软的地面		
操作过程			
活动导入	小朋友们，今天我们要利用这个好玩的粘球衣将垫子上的"小果子"粘在自己身上，放到对面的筐里		
操作方式	1. 将软垫铺好，让幼儿躺在软垫上，手向上伸直，腿伸直并拢，向软垫的一边进行侧滚翻 2. 翻到对面后再返回，将身上的小球放到筐里返回		
注意事项	1. 注意观察如果幼儿双手向上伸直是否会自己进行侧滚翻 2. 看幼儿在侧滚翻的时候会不会抬起头部不让自己的头部碰到地面		
活动延伸	彩虹隧道翻翻乐		
活动评价	□能自己侧滚翻　　□侧滚翻的时候可以自我保护头部		

3～6 岁幼儿前庭觉训练"蒙眼爬平衡木"（见表 7-8）

表 7-8 蒙眼爬平衡木

活动领域	▲前庭　　▲本体　　○触觉　　○视觉　　○听觉		
适应年龄	3～5 岁	活动形式	☑ 1 对 1　□ 1 对多
干预类型	前庭本体功能障碍——平衡感不佳		
训练目的	1. 通过脚离开地面运动，诱发幼儿主动做出保护性伸展动作 2. 通过蒙眼运动提升幼儿不依靠视觉辅助的平衡能力 3. 通过手膝爬行提升幼儿手腕、胯部关节的稳定性		
活动准备	物质准备：方砖、桥、眼罩 环境准备：平软的地面		
操作过程			
活动导入	小朋友们，你们看老师带来了什么？没错！是眼罩。一会儿我们就要请厉害的小勇士从这里爬过平衡木到达安全的地方		
操作方式	教师将平衡木摆好，两面放上软垫，然后让幼儿戴上眼罩顺着平衡木的方向一直爬到对面去，然后摘下眼罩走回		
注意事项	幼儿如果戴着眼罩从独木桥上掉下来，教师要引导幼儿回到平衡木，尽量不让幼儿摘掉眼罩		
活动延伸	1. 幼儿蒙眼爬过单元筒 2. 蒙眼爬过蛋糕筒加桥		
活动评价	□能自己蒙眼爬过平衡木 □从平衡木上掉下是否有保护意识，头部及身体是否有翻正的反应		

3～6岁幼儿前庭觉训练"趴地推球"（见表7-9）

表7-9 趴 地 推 球

活动领域	▲前庭　　▲本体　　○触觉　　○视觉　　○听觉		
适应年龄	4～6岁	活动形式	□1对1　☑1对多
干预类型	前庭本体障碍——姿势运用不佳		
训练目的	1. 通过俯趴做小飞机式动作，提升幼儿颈部、背部、四肢肌张力 2. 通过"趴地推球"游戏，提升幼儿姿势维持能力 3. 通过给予椭圆囊刺激运动，增进外侧前庭脊髓路径信息传递效能		
活动准备	物质准备：滑板、篮球、不同事物的图片 环境准备：平软的地面		
操作过程			
活动导入	小朋友们，老师要请你们吃好吃的喽，看看老师这里有什么好吃的呢？有汉堡、薯条、苹果、酸奶……小朋友要像老师这样将食物卡片推倒才能拿到好吃的		
操作方式	教师示范动作，幼儿胸腹部趴卧在滑板上，头抬高、腿伸直、抬高、并拢，身体离墙面50 cm距离，双手抱球打食物卡片，当球弹回来的时候，幼儿要双手接住球后再将球推出，持续进行，卡片倒了以后要换另外一张卡片继续进行		
注意事项	1. 注意幼儿的姿势要标准 2. 注意幼儿对推球力度的掌握		
活动延伸	1. 有时间限制的情况下规定幼儿推多少个球 2. 结合音乐，规定特定音效下才可以推球		
活动评价	□能保持标准姿势推球　□能推_____球，用时_____时间		

3～6岁幼儿前庭觉训练"小警察打靶"（见表7-10）

表7-10　小警察打靶

活动领域	▲前庭　○本体　○触觉　○视觉　○听觉		
适应年龄	3～5岁	活动形式	☑1对1　□1对多
干预类型	前庭调节障碍——动作厌恶		
训练目的	1. 通过秋千旋转给予半规管的刺激，促进幼儿平衡力发展 2. 利用主动出力的活动，抑制交感神经，舒缓情绪 3. 通过摇摆和旋转改善幼儿对旋转的厌恶反应		
活动准备	物质准备：网盘秋千、布面球、靶心 环境准备：有吊钩的墙顶，平软地面		
操作过程			
活动导入	小朋友们，我们今天来玩一个小警察打靶的游戏，从现在开始，你就是小警察喽，一会儿我们看谁打的靶准，抓的坏人多，加油！		
操作方式	1. 将网盘秋千挂起来，请幼儿坐上去，双手抓住秋千两边的绳子。给幼儿一个沙包，一手抓好绳子一手拿沙包，让幼儿拿沙包打靶 2. 教师开始慢慢地旋转秋千，在旋转的过程中教师给幼儿沙包，幼儿拿沙包打靶		
注意事项	1. 幼儿在转的过程中是否会难受，如果难受注意速度 2. 注意观察幼儿的眼球震颤和是否有生理反应等情况		
活动延伸	1. 慢慢加快旋转的速度记录幼儿能转多少圈 2. 可以把打靶换成点数大的舒尔特方格 3. 可将网盘秋千换成其他悬吊式的秋千		
活动评价	□能否接受旋转，可以旋转＿＿＿＿圈		

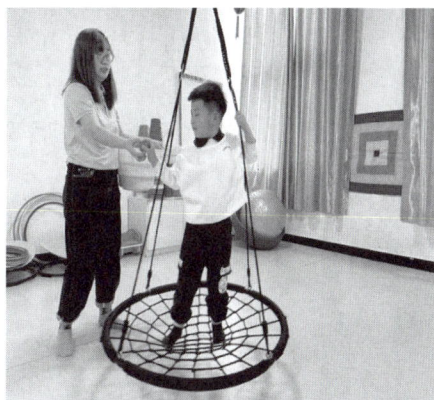

任务三 3～6岁幼儿本体觉训练

3～6岁幼儿本体觉训练"巧过马路"（见表7-11）

本体觉拓展游戏

表7-11 巧过马路

活动领域	▲前庭　　▲本体　　○触觉　　▲视觉　　○听觉		
适应年龄	3～6岁	活动形式	□1对1　☑1对多
干预类型	顺序性动作计划——目标物体动，自身动		
训练目的	1. 通过移动状态下的躲避游戏训练前庭刺激下的眼球动作 2. 通过折返跑躲避体能圈促进幼儿动作计划能力和空间感知能力		
活动准备	物质准备：体能圈 环境准备：平坦的地面		
操作过程			
活动导入	小朋友们，这里是一条马路，我们要从这里出发，跑到对面，但是一定要注意安全，因为一会儿在你们过马路的时候会有小车出现，我们要在不碰到小车的同时到路的对面去		
操作方式	1. 幼儿从教室的一侧做好准备，教师在教室中间的位置不断地将手里的小圈滚到对面去 2. 幼儿开始从一侧折返跑，在跑的同时要躲避小圈不能被碰到，有圈来了要躲或者等，被碰到的幼儿回到原地等待下一组		
注意事项	1. 圈可以大小不一 2. 幼儿在玩的时候会不注意看圈，要提醒幼儿		
活动延伸	1. 将圈换成沙包让幼儿快速通过 2. 两个教师上下拉绳子让幼儿快速通过		
活动评价	□能在跑的时候躲避障碍物 □有看到圈不知道什么时候跑的情况 □容易被圈碰到		

3～6岁幼儿本体觉训练"北极熊捕食"（见表7-12）

表 7-12 北 极 熊 捕 食

活动领域	○前庭　　▲本体　　○触觉　　○视觉　　○听觉		
适应年龄	4～6岁	活动形式	□1对1　☑1对多
干预类型	手脚并用两侧协调训练——对侧性两侧动作		
训练目的	1. 通过手脚着地爬，提升幼儿双侧协调能力 2. 通过手脚配对动作训练，提升幼儿动作企划能力 3. 通过固定姿势的控制训练，提升幼儿手臂、腿部肌肉力量		
活动准备	物质准备：手印、脚印，小鱼图片 环境准备：平坦宽阔的地面		
操作过程			
活动导入	北极熊宝宝要出门去捕食，它要抓很多小鱼吃才不会饿肚子，所以北极熊宝宝们我们准备要出发去抓小鱼啦		
操作方式	1. 教师将手印、脚印提前摆好，摆放方式是一个右脚一个左手，接着一个左脚一个右手，再接一个右脚一个左手，有间隔地摆开 2. 幼儿在爬的时候要按照教师摆放的手印、脚印进行爬行，到对面拿到鱼图片后，从另一边爬回		
注意事项	1. 手印、脚印的间隔要适中 2. 在幼儿爬的时候教师要观察他们是怎么爬行的		
活动延伸	跨过单元筒、体能棒等障碍物爬手印、脚印		
活动评价	□能左手、右脚同时爬行		

3～6岁幼儿本体觉训练"小蚂蚁搬家"（见表7-13）

表7-13　小蚂蚁搬家

活动领域	○前庭　　▲本体　　○触觉　　○视觉　　○听觉		
适应年龄	4～6岁	活动形式	□1对1　☑1对多
干预类型	前庭本体功能障碍——姿势控制与运用不佳		
训练目的	1. 通过蹲姿移动提升幼儿腿部力量及脚腕的稳定性 2. 通过举球和控球，提升幼儿手部肌肉力量 3. 通过蹲—起垂直性运动刺激球囊，增强姿势反射，维持身体平衡		
活动准备	物质准备：篮球若干 环境准备：平坦的地面		
操作过程			
活动导入	小蚂蚁们，我们的洞穴被雨水冲毁了，所以我们迫不得已要搬家，请把我们的东西全都搬到新家去		
操作方式	1. 教师给每位幼儿准备3个篮球 2. 幼儿蹲下后将篮球举起，蹲走到对面将篮球放下后，蹲走回来运下一个篮球，往返将3个篮球全部运完		
注意事项	1. 幼儿有蹲走的经验，不要直接让幼儿进行蹲走举物 2. 如果幼儿手举球举不动或托不住球就换一个物品		
活动延伸	1. 蹲走举球绕障碍物 2. 蹲走举球迈过体能条		
活动评价	□能蹲走举起球 □能折返进行3组		

3～6岁幼儿本体觉训练"小推车运货"（见表7-14）

表7-14　小推车运货

活动领域	▲前庭　　　▲本体　　　○触觉　　　○视觉　　　○听觉		
适应年龄	3～5岁	活动形式	□1对1　☑1对多
干预类型	前庭本体功能障碍——姿势控制与运用不佳		
训练目的	1. 通过体前屈姿势移动，提升幼儿手腕、脚腕关节的稳定性 2. 通过负重推物，提升幼儿手臂、腿部肌肉力量，促进本体觉发展 3. 通过折返式运货，提升幼儿姿势控制与运用能力		
活动准备	物质准备：轮胎、海洋球、小筐 环境准备：平坦的地面		
操作过程			
活动导入	我们要推着"小货车"去送货喽！老师这有很多轮胎，就是你们的小车，小朋友们可以推着"小货车"将货物放到小车中间运到对面去，送到蚂蚁家，我们准备出发吧		
操作方式	1. 幼儿将轮胎放到自己面前，然后放入海洋球，放好后将轮胎推到对面去 2. 将海洋球放到筐里再将轮胎推回，进行折返运货		
注意事项	看幼儿的力量是否可以推动轮胎，如果做不到可以换成太阳砖，然后慢慢增加重量		
活动延伸	1. 推轮胎绕过用单元筒设置的障碍物 2. 推轮胎速度比赛		
活动评价	□可以自己推轮胎 □可以完成折返＿＿＿＿＿＿组推轮胎		

3～6岁幼儿本体觉训练"蹬小山"（见表7-15）

表7-15 蹬 小 山

活动领域	○前庭　▲本体　○触觉　○视觉　○听觉		
适应年龄	3～6岁	活动形式	□1对1　☑1对多
干预类型	两侧整合及顺序性障碍——分离的顺序性两侧动作		
训练目的	1. 通过同侧交替行走训练提升幼儿的动作企划能力 2. 通过小脚跟随动作训练幼儿身体双侧的协调性		
活动准备	物质准备：八角砖、体能条 环境准备：平坦地面		
操作过程			
活动导入	小朋友们，我们今天要去"蹬山"了，蹬的是小山，所以速度要快，来看看我们要怎么蹬小山呢？		
操作方式	1. 将八角砖竖着挨在一起摆成两竖行 2. 幼儿要双脚交替踩上八角砖，如：左脚踩上迅速右脚踩上，接着左脚踩下迅速右脚再踩下，再进行下一个八脚砖，到终点后再从另一竖行八角砖交替踩回来		
注意事项	1. 八角砖的数量按照教室大小进行增加或减少 2. 脚交替的速度由慢到快逐渐增加		
活动延伸	1. 双脚交叉跳八角砖 2. 双脚交叉跳体能条		
活动评价	□能双脚分开踩上踩下八角砖　□踩八角砖的速度_____		

3～6岁幼儿本体觉训练"大闯关"（见表 7-16）

表 7-16　大　闯　关

活动领域	○前庭　▲本体　○触觉　○视觉　○听觉		
适应年龄	4～6 岁	活动形式	□1 对 1　☑1 对多
干预类型	跨越身体中线		
训练目的	1. 通过双脚交叉跳跃训练幼儿跨越中线的运用能力 2. 通过组合动作游戏提升幼儿的动作企划能力 3. 通过双手同时交叉放纸杯，训练幼儿姿势维持的能力		
活动准备	物质准备：体能条、沙包、八角砖 环境准备：平坦的地面		
操作过程			
活动导入	小朋友们，老师面前有一个闯关游戏，一共两关，通过闯关可以得到一个星星奖章		
操作方式	1. 第一关，教师将体能条竖着摆放好 4 根，幼儿双脚交替、交叉连续跳过体能条 2. 第二关，教师横放 6 个八角砖，八角砖两边放两个沙包，幼儿要跳上八角砖之后右手拿右侧沙包，左手拿左侧沙包，然后双手交叉将沙包重新放置八角砖两侧		
注意事项	1. 体能条和八角砖的数量根据教室的大小增加或减少 2. 教师要认真观察幼儿的动作是否标准		
活动延伸	1. 双手交叉将物品放两个盘子里 2. 走脚踏车，手翻对侧纸杯		
活动评价	□能完成双脚交替、交叉跳跃　□能完成双手同时交叉放沙包 □放沙包的时候，会在越过中线的瞬间用另外一只手帮忙		

在线练习

课后测试

知 识 巩 固

一、单项选择题

1. 以下哪项训练不属于本体游戏的训练项度？（　　　）

    A. 重力感知　　　　　　　B. 姿势协调与控制　　　　　C. 肌肉力量

2. 以下哪个教具不适宜开展本体觉训练？（　　　）

    A. 彩虹圈　　　　　　　　B. 大龙球　　　　　　　　　C. 软毛刷

3. 游戏"巧过马路"除了能给予本体刺激还能给予以下哪类刺激？（　　　）

    A. 前庭　　　　　　　　　B. 触觉　　　　　　　　　　C. 视觉

二、判断题（正确打√，错误打 ×）

1. 平衡木既可以用作前庭训练也可以用作本体训练。　　　　　　　　（　　　）

2. 本体觉不能与触觉相结合进行训练。　　　　　　　　　　　　　　（　　　）

3. 所有大运动和精细运动游戏都与本体觉有关。　　　　　　　　　　（　　　）

三、简答题

1. 学前儿童本体觉训练教具有哪些？请列举 5 种教具。

2. 简要说明"蒙眼爬平衡木"游戏的设计意图是什么。

四、分析题

    3 岁半的形形小朋友，能听懂老师说的话但不爱说话，说的时候发音不清晰，遇到想玩的玩具时，班上其他小朋友能在老师引导下说出"请你把这个玩具给我玩一下，好吗"，但形形只能说"玩具，玩一下"的短句。此外，当她的想法没有得到满足的时候，就会平摔到地上大喊大叫。

    请分析形形有可能存在什么问题，如何通过感统训练来帮助她？

课后拓展

创新任务单

班级：	姓名：	学号：

学生课后拓展任务：

　　1. 实训任务

扫码观看3～6岁幼儿视听觉游戏，进行原创视听觉游戏设计。

　　2. 任务要求

小组合作开展游戏设计，并制作微视频。

学习后的收获与感想：

课后拓展学习：

视听觉游戏

学生存在的困惑：

教师评价：

模块八

儿童感觉统合能力测评

模块导图

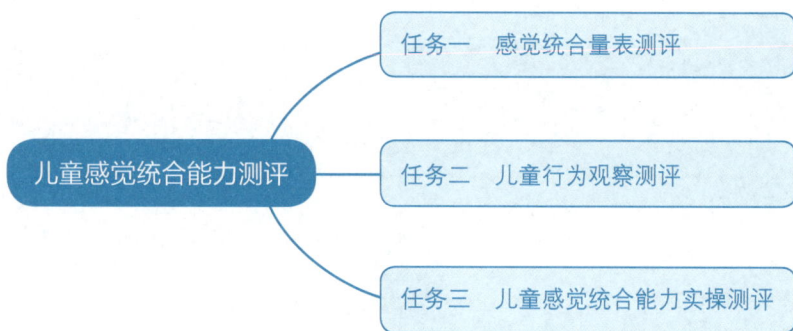

儿童感觉统合能力测评
- 任务一 感觉统合量表测评
- 任务二 儿童行为观察测评
- 任务三 儿童感觉统合能力实操测评

模块寄语

　　《国务院关于实施健康中国行动的意见》中指出："建立健全健康教育体系……加强早期干预，形成有利于健康的生活方式……为全方位全周期保障人民健康、建设健康中国奠定坚实基础。"随着我国现代化建设的不断推进，儿童成长的家庭与社会环境等皆发生了巨大改变，感觉统合失调儿童的比例呈上升趋势，作为幼儿教师及家长合理进行感统失调预防及干预有着重要意义。

　　本模块主要介绍《感觉统合发展核对表》的使用方法和幼儿日常生活中的行为观察，以及运用感统教具进行幼儿感统能力测评的具体方法，为幼儿教师及家长更全面及时地了解幼儿身心发育情况提供专业技术指导。

👣 **学习目标**

1. 知：了解感觉统合标准化测评工具的功能，陈述《感觉统合发展核对表》填写方法，解释幼儿行为观察主要内容，举例说明幼儿感觉统合能力实操教具及测评原理。

2. 行：能针对量表具体内容举例分析测评结果，能运用感统行为观察法简要分析幼儿日常活动行为，能够利用感觉统合教具进行实操测评。

3. 意：树立崇高的职业理想，在学前教育实践工作中履行幼儿教师职业责任与义务，工作细心、耐心，潜心育人。

👣 **课前预习**

任务一：预习任务一学习内容，了解感觉统合能力发展评定量表及使用说明。

任务二：预习任务二学习内容，知道如何通过幼儿日常活动进行行为观察测评。

任务三：小组讨论如何使用感觉统合教具为幼儿进行测试。

任务一　感觉统合量表测评

一、国内外感觉统合能力发展评定量表概述

感觉统合能力发展评定量表是指用于测评儿童感觉统合失调严重程度的标准化工具，最早是由感觉统合系统理论创始人艾尔斯博士研发设计的《美国南加州感觉统合量表》，由父母填写。此评定量表引入我国后，在艾尔斯博士的研究基础上，有一系列学者如台湾的郑信雄、林巾凯以及北京医科大学精神卫生研究所王玉凤教授等均根据我国的文化背景在其基础上进行了编制并经信效度检验后投入实践中运用。此外，近些年随着我国一线、二线大城市逐渐推广儿童感觉统合训练培训机构，部分专业感统训练中心在已有标准化测评工具的研究基础上编制了用于测评儿童感觉统合能力水平的《感觉统合发展核对表》。总的来说，我国目前感觉统合领域评估工具数量少、测量的内容范围有限，还需与时俱进引入符合当今社会发展需求的权威、客观而全面的测试量表。国内外儿童感觉统合能力发展评定量表简介见表8-1：

表8-1　儿童感觉统合能力发展评定量表

	国外儿童感觉统合能力发展评定量表简介（部分）
1	美国艾尔斯编制的《美国南加州感觉统合量表》，包含5个项度，共58题
2	美国邓恩编制的《感觉功能评量表》（1999—2002）包含为婴幼儿、儿童、青少年及成人设计的量表
	国内儿童感觉统合能力发展评定量表简介（部分）
1	中国台湾郑信雄根据中国文化背景，将几种综合症状检核表综合起来，编制成感觉统合检核表
2	北京医科大学精神卫生研究所王玉凤教授等从台湾奇德儿脑力开发联盟（陈文德）引进此表，经过在国内十余地区施测，有较好的信度和效度，证明其在大陆具有较好的可用性和可接受性
3	2004年，台湾学者林巾凯等人在前人的基础上编制了《儿童感觉统合功能评量表》（适用于3～10岁儿童），包含7个项度，共98题
4	专业感统训练中心的行业量表《感觉统合发展核对表》，包含8个项度，共64题

二、《感觉统合发展核对表》使用说明（见表 8-2）

表 8-2　《感觉统合发展核对表》的填写要求及测评项度

填写要求
1. 填表人应是了解儿童生长发育情况的父母，综合家庭成员及专业教师的意见做客观勾选
2. 填写时，要求不漏选项
3. 学龄前儿童遇到学龄期问题可不答（61～64 不填）
4. 1～8 项目可单独核计分数，不受总分数影响，专业教师可作交叉分析
5. 解释 B/P 含义：B 代表以往曾发生过；P 是目前的情况；B+P 代表从小至今一直出现的情况

测评项度（64 题）
1. 第 1 题至 11 题是前庭平衡和大脑双侧分化部分
2. 第 12 题至 20 题是脑神经生理抑制部分
3. 第 21 题至 34 题是触觉防御部分（脾气敏感）
4. 第 35 题至 45 题是发育期运用障碍部分
5. 第 46 题至 50 题是视觉空间和形态感觉失常部分
6. 第 51 题至 60 题是重力不安症部分
7. 第 61 题至 62 题是情绪及自我形象不良部分
8. 第 63 题至 64 题是近期头痛或头晕，学习成绩下降部分

填写注意事项
1. 幼儿的感觉统合能力需要综合、全面地考查，不能仅以这一份量表就下定论，需经过实操测评、智力筛查、家长约谈、幼儿沟通等进行全面评估
2. 幼儿的感统能力会随着脑部的发育进行变化，感统指导师需要进行动态追踪与评估，以更好地了解幼儿，制订训练计划
3. 特殊儿童因脑部损伤而造成的行为问题，感统是没办法治愈的。感统干预治疗只能解决该类儿童因感统失调而导致的行为问题

测评结果
1. T 分小于 30 分为重度失常
2. T 分 30～40 分为中度失常
3. T 分 40～50 分为轻度失常
4. T 分 50+5 分为正常值

说明：出于对量表版权的保护，本任务重在对量表测评的方法、注意事项及结果计算等进行介绍。

任务二 儿童行为观察测评

儿童行为观察法是通过从日常活动中观察儿童的行为，判定是否与标准行为有偏差。主要通过观察儿童的眼球运动、头部运动、身体和四肢的运动、精细动作等的姿态、肌肉的松紧程度、反应速度等作为幼儿感觉统合能力发展评估诊断的参考。观察时具体内容主要包括以下三个方面。

一、触觉、前庭、本体觉儿童行为观察（见表8-3）

表8-3 感统测评——儿童行为观察

触觉观察测评	
1	触觉分辨：观察幼儿是否可以在生活中通过触摸准确说出被触摸的部位，或在不用眼睛看时也能感知出被触摸的物体
2	触觉防御：观察幼儿是否对触摸表现出恐惧、厌恶、拒绝人多和陌生的地方，观察幼儿对冷热和疼痛的反应程度
前庭觉观察测评	
1	前庭敏感度：观察幼儿在原地旋转时头部位置（前庭感应器所在之处）发生变化时的反应（如是否一转就晕或久转不晕）；观察幼儿是否特别喜欢不断重复玩高刺激强度的游戏
2	前庭平衡：观察幼儿在走直线、曲线、身体倾斜或者回旋运动时的平衡度
3	重力协调能力：观察幼儿直立站姿的身体反应，考察幼儿平衡感和重力协调能力的成熟程度；观察幼儿是否害怕乘坐电梯和害怕参与脚离开地面的活动
4	保护性伸手反应：观察幼儿在玩耍中出现重力失衡而摔倒时是否会产生保护性伸手反应
本体觉观察测评	
1	肌张力与肌耐力：观察幼儿做抬头的动作或需头颈及腰腹力量控制的动作时，是否存在头颈部或颈背部肌肉张力不足的现象
2	肌肉同时收缩：观察幼儿长时间静坐时，身体肌肉舒适度、收缩的情况及静坐期间是否出现平稳度低，出现乱动、反应迟钝的现象
3	不随意运动测试：观察幼儿掰手指从1数到10，再掰开手指继续数到20以及做吐舌头、收舌头的动作时，手指、手腕是否出现痉挛

（续表）

4	对抗重力能力：观察幼儿俯趴做小飞机姿势和仰躺四肢同时向上屈曲时的姿势控制能力，是否能轻松完成且控制在一定时间内
5	动作计划能力：观察幼儿做从没做过的动作时，动作的顺序性是否合乎常理、动作协调，是否能达成目的
6	身体双侧协调：观察幼儿双手协调的能力，即一只手需要去配合另一只手做出附属动作时是否流畅，以及手部灵活度的情况；观察幼儿做体操等运动过程中身体躯干与四肢的配合是否笨拙、不协调
7	中线交叉运动：观察让幼儿的双手越过两眼中间，沿着鼻梁向下延伸的中间线去完成一些指定动作的过程中是否出现右侧灵活而左侧不协调的情况
8	惯用手成熟度：观察幼儿 3 岁左右时是否形成惯用手

二、视觉、听觉、嗅觉、味觉儿童行为观察（见表 8-4）

表 8-4　儿童行为观察——视听嗅味系统

视觉观察测评	
1	视觉调节：观察幼儿对光线是否敏感，是否特别怕黑
2	视觉空间：观察幼儿对形状、物体、位置、方向等的辨识能力
3	背景图形感知：观察幼儿在平面图形中找出局部图形的认知情况，在物体被遮挡的情况下从局部认识整体的情况
4	手眼协调：观察幼儿生活中做需手眼配合的游戏和动作，如画画、写字、操作剪刀、串珠子等游戏时手眼配合的情况
5	视觉记忆：观察幼儿在生活中的视觉记忆的情况，对经常去的地方是否想不起来周围的环境
听觉观察测评	
1	听觉调节：观察幼儿是否对某些声音特别排斥、敏感或害怕
2	听声寻物：观察幼儿能否利用听觉判断声源方向、距离、位置
3	听觉理解：观察幼儿对各种名称的理解认识是否正常，是否理解语言指令
4	语言表达：观察幼儿语言表达是否正确、语言的记诵能力是否强

（续表）

嗅觉与味觉观察测评	
1	感觉调节：观察幼儿是否对某种气味或者某种味道有特殊反应，如呕吐
2	感觉处理：观察幼儿是否挑食、偏食

三、日常生活行为的测评（见表8-5）

表8-5　儿童行为观察——生活行为

穿脱衣物测评
观察儿童能否自己穿脱裤子，以及穿脱裤子时的动作是否协调；观察儿童坐着穿脱鞋时是否顺畅，姿势是否比较僵硬笨拙，会否因穿不好立刻失去耐性；观察儿童独自戴手套时是否会把两个手指穿进一个指套，但无法察觉到异常
俯卧测评
观察儿童趴到柔软的床上或垫子上时，会否感觉到很放松，身体四肢会否很舒服地陷进支撑物里面去。感觉统合不良的儿童会显得很紧张，他会用力挺起头，使脸部腾空
坐姿测评
观察儿童在学习时出现弯腰驼背、两手无所适从的现象是否严重，是否特别喜欢悬空椅子的后两条腿而把身体靠在桌子上。这些现象的出现可能是因为儿童肌肉张力发展得不足

儿童感觉统合能力实操测评

感觉统合教具是专门训练儿童感觉统合能力的工具器材，通过对这些器材的应用，可以在活动过程中测评儿童的感觉统合能力，为幼儿感统能力评估结果提供参考。

一、运用小滑板测试（见表8-6）

表8-6 小滑板测试方法及评价

项目	动作要领	测试评估
静态飞机式	俯卧于滑板上，双手向后，双腿并拢上翘，像飞机起飞的样子，头抬高，保持不动。 3～4岁：20秒；4～5岁：30秒；5～6岁：40秒；6岁以上：50秒以上	头部无法抬高，说明颈背部肌张力不足； 情绪不安，小滑板无法保持稳定，说明平衡能力不佳； 如果脚的位置总出现错误，无法操作，说明本体感欠佳
乌龟倒滑、正滑或青蛙蹬	俯卧于滑板上，双手打开微微向上，双腿并拢向后弯曲，头抬高再从滑梯上往下滑，注意保持好姿势以免受伤； 将滑板车放在墙边，幼儿俯卧在滑板车上，双脚如青蛙游泳般弯曲，顶在墙上。让幼儿双脚用力蹬墙，使滑板车向前滑行。	
乌龟旋转	俯趴，双腿伸直抬高，双手原地交替运行使滑板旋转。3～4岁：10～15圈；4～5岁15～20圈；5岁以上20圈起，左右数量需一致。不要追求过快，速度应循序渐进，此外不同幼儿存在个体差异，需根据幼儿实际情况进行旋转测试。 还可利用旋转椅和吊缆进行旋转测试，原理相同	测试幼儿前庭区辨能力，如果幼儿很害怕旋转，说明前庭相对敏感，若久转无反应，则说明前庭迟钝
拾小球	指导者事先将小球放在幼儿的滑行路线旁，然后蹲在幼儿身体一侧。一只手扶在幼儿的背部，一只手在幼儿臀部向前推，让幼儿俯卧在滑板车上向前自然滑行，并在滑行中拾起地上的小触摸球；也可以让幼儿盘腿坐在滑板上，推动幼儿让其拾捡小球	这个游戏可测评幼儿的动作计划能力

二、运用大龙球测试（见表 8-7）

表 8-7　大龙球测试方法及评价

项目	动作要领	测试评估
在大龙球上抬头、伸手	以腹部为支点，趴卧在大龙球上，指导者将幼儿的两脚平举，并做出轻微的前后拉推动作	如果头往下掉，双手紧张地扶住大龙球，说明身体和重力协调不良，平衡能力不足，容易紧张而僵硬，平常也比较胆小而不够灵活
头部位置安定与否	指导者用双手压住幼儿的腰部，让大龙球做前后转动，尽量让幼儿的头部稳定在正中间	如果头部向左或者向右，身体同方向滑落，说明幼儿肌肉张力不足，前庭平衡发展不足
球碾过身体的压迫刺激反应	幼儿仰卧或俯卧在地板上，双手抱头腿伸直，指导者滚动大龙球，轻轻地压过他的身体，使其感受压挤的触觉刺激	一般触觉防御过度的幼儿无法接受这种游戏训练。对挤压这种方式有强烈的排斥情绪

三、运用大陀螺测试（见表 8-8）

表 8-8　大陀螺测试方法及评价

项目	动作要领	测试评估
大陀螺被动摇晃	让幼儿坐下，双手握紧边缘，指导者进行旋转，观察幼儿能够承受哪种程度的晃动。 3～4 岁：10～15 圈；4～5 岁 15～20 圈，5 岁以上 20 圈起，左右数量需一致	惊慌、抗拒，不懂如何平衡身体，旋转引起害怕、眩晕或者无论如何都不眩晕说明前庭感觉处理异常
大陀螺主动摇晃	幼儿坐在陀螺内，稳定身体后，再用双手触碰地面，利用反弹力量转动陀螺。如果上一项游戏掌握得较好，便可进行这种练习	无法双手配合转动大陀螺说明运动计划的灵活度和成熟度不足
大陀螺抛接球	幼儿在陀螺中，可以丢球让他接，或由他将球掷到固定的地方	在陀螺中重心不稳定、接不到球说明运动计划能力、对方向及距离感的判断、视觉空间、身体知觉和控制能力不足

四、运用平衡脚踏车测试（见表 8-9）

表 8-9　平衡脚踏车测试方法及评价

动作要领	测试评估
让幼儿站在脚踏板上，身体微躬，手握扶手，双脚交替向前踩踏，使车子前进	无法控制身体的平衡、轻松自如左右脚配合完成踩踏平衡车进行及后退，说明双侧协调能力、平衡能力不佳
幼儿能轻松自如地踩踏车子前进后，可以让幼儿试着向后踩踏，让车后退	
幼儿能熟练地前进或后退时，可以将扶手拆下，让幼儿练习随意地踩踏车子前进或后退，能够强化前庭刺激，促进平衡能力的全面发展	

五、运用独脚凳测试（见表 8-10）

表 8-10　独角凳测试方法及评价

项目	动作要领	测试评估
坐独脚凳	让幼儿用手扶起独脚凳，慢慢将臀部坐上去，放开手，双脚支撑保持平衡。两人对坐着玩拍手游戏，看谁能够稳得住，不歪倒；也可两人离得稍远一些玩抛、接球的游戏，两人一组，尽量抛得准、接得也好，不失球，不歪倒，就算成功	无法在独角凳上坐稳，说明姿势调节、控制和平衡能力不佳
抬腿运动	当幼儿在独脚凳上坐稳后，让他双手叉腰，双腿轮流抬起。可以先帮他扶一下凳子，让他体会身体放松时踢腿的动作，再放手让他自己尝试踢腿动作，开始不能要求他踢得很平，只要能稍稍抬起就可以了，平衡能力和本体感觉改善后再要求踢到一定的高度，并可加入一些延伸的动作	

六、运用滚筒测试（见表 8-11）

表 8-11　滚筒测试方法及评价

项目	动作要领	测试评估
俯卧滚筒	让幼儿俯卧在滚筒上，姿势与俯卧在大龙球上相同，由指导者扶着幼儿的脚做前后晃动，要求幼儿努力抬起头、颈部，伸展双臂	无法完成滚筒俯卧抬头说明姿势调节及平衡能力不足
站立平衡游戏	将滚筒竖立，让幼儿自己爬到滚筒上面，分开两脚，伸展双手，保持身体的平衡	

（续表）

项目	动作要领	测试评估
筒内滚动游戏	让幼儿爬进筒内，指导他将手指和手臂张开，注意保护头部，同时颈部用力支撑头部，不要把头靠在筒壁上。指导者轻轻推动滚筒，可来回小幅转动，也可先顺着一个方向慢速转动若干圈后，稍作停顿，再往反方向转动若干圈	

七、运用粗绳子和地垫测试（见表 8-12）

表 8-12　粗绳、地垫测试方法及评价

动作要领	测试评估
用一条粗棉绳，两端结在一起形成一个圈，让幼儿将绳从头套下去，由脚下拿出来	粗绳在套进套出过程中动作笨拙，无法完成前滚翻，说明身体概念和运动计划能力不足
用一条粗棉绳，两端结在一起形成一个圈，让幼儿将绳由脚套进去，从头部拿出来	
让幼儿在地垫上练习前滚翻和后滚翻	

课后测试

在线练习

知 识 巩 固

一、单项选择题

1.《儿童感觉统合功能评量表》的创始人是（　　　　）。

　　A. 林中凯　　　　　　　　B. 郑信雄　　　　　　　　C. 王玉凤

2. 根据儿童感觉统合能力发展评定量表测评结果，结果为（　　　）分表示轻度失常。

　　A. 小于 30　　　　　　　　B. 30～40　　　　　　　　C. 40～50

3. 幼儿行为观察测评的具体内容包括（　　　）个方面。

　　A. 5　　　　　　　　　　　B. 4　　　　　　　　　　　C. 3

二、判断题（正确打√，错误打 ×）

1.《儿童感觉统合功能评量表》适用的年龄阶段为3～12岁儿童。　　（　　　）

2. 幼儿行为观察测评中关于听觉观察测评部分的内容包括听觉调节、听声寻物和听觉理解。　　（　　　）

3. 幼儿出现挑食、偏食现象是因为感觉处理出现障碍。　　（　　　）

三、简答题

1. 简要介绍感觉统合测评的流程。

2. 什么是儿童行为观察法？

四、论述题

《感觉统合发展核对表》是专业的幼儿感统能力发展测评表，幼儿教师及家长只需要以这份评定量表的结果作为参考依据即可。

课后拓展

创新任务单

班级：	姓名：	学号：

学生课后拓展任务：

　　请以小组为单位，利用感觉统合发展核对表结合感统教具开展同伴间的感觉统合能力测评。

本模块内容学习后的收获与感想：

学生存在的困惑：

课后拓展学习：

教师评价：

主要参考文献

［1］Ayres A . J. Sensory integration and learning disorders, Los Angels: Western Psychological Service, 1972, 258－259.

［2］［美］卡洛尔·斯多克·克朗诺威兹.帮孩子找到缺失的"感觉拼图"［M］.周常, 译.北京：中国发展出版社，2017.

［3］［美］David M. Sibell，［美］Jeffrey R. Kirsch.疼痛快速诊治手册［M］.于布为, 娄强，吴韬，主译.上海：上海科学技术出版社，2008.

［4］李娟.儿童感觉统合训练［M］.北京：中国妇女出版社，2016.

［5］朱大诚.生理学速记［M］.北京：中国中医药出版社，2016.

［6］张秀娟.生理学概论［M］.北京：中国医药科技出版社，2017.

［7］汪宜霈.感觉统合（第5版）［M］.台北：五南图书出版股份有限公司，2009.

［8］蔡鸿儒，等.感觉统合理论与实务（第3版）［M］.台湾：合记图书出版社，2009.

［9］林崇德，杨治良，黄希庭.心理学大辞典［M］.上海：上海教育出版社，2003.

［10］陈泽铭.婴幼儿音乐感统训练［M］.上海：复旦大学出版社，2016.

［11］李俊平.图解儿童感觉统合训练［M］.北京：朝华出版社，2018.

［12］龚守良.辐射细胞生物学［M］.北京：中国原子能出版社，2014.

［13］徐延宇.云南省中小学生学习动机的调查研究［M］.云南：云南大学出版社， 2018.

［14］［美］奥利维娅·福克斯·卡巴恩，［美］朱达·波拉克（Judah Pollack）.创意天 才的蝴蝶思考术［M］.冯颢，译，杭州：浙江教育出版社，2018.

［15］庄建华.眩晕［M］.上海：第二军医大学出版社，2016.

［16］吴端文.解放聪明的"笨"小孩［M］.北京：中国发展出版社，2014.

［17］郑信雄.如何帮助学习困难的孩子［M］.北京：九洲图书出版社，1999.

［18］薛婷.感觉统合训练对智力障碍儿童适应行为促进的实验研究［D］.苏州大学， 2013.

图书在版编目(CIP)数据

学前儿童感觉统合训练/刘薇珊,罗海冰,谢鑑辉主编. —上海:复旦大学出版社,2024.3
ISBN 978-7-309-17206-5

Ⅰ.①学… Ⅱ.①刘… ②罗… ③谢… Ⅲ.①感觉统合失调-训练-学前教育-特殊教育-教材
Ⅳ.①G768

中国国家版本馆 CIP 数据核字(2024)第 020674 号

学前儿童感觉统合训练
刘薇珊　罗海冰　谢鑑辉　主编
责任编辑/高丽那

复旦大学出版社有限公司出版发行
上海市国权路 579 号　邮编:200433
网址:fupnet@ fudanpress.com　http://www.fudanpress.com
门市零售:86-21-65102580　团体订购:86-21-65104505
出版部电话:86-21-65642845
上海四维数字图文有限公司

开本 787 毫米×1092 毫米　1/16　印张 9.5　字数 185 千字
2024 年 3 月第 1 版第 1 次印刷

ISBN 978-7-309-17206-5/G · 2566
定价:49.00 元